民办高校治理现代化研究丛书

民办高校产权管理研究

周海涛 钟秉林 / 主编

刘 侠 / 著

长江出版传媒 | 湖北教育出版社

图书在版编目（CIP）数据

民办高校产权管理研究 / 刘侠著；周海涛，钟秉林主编 . — 武汉：湖北教育出版社，2023.12
（民办高校治理现代化研究丛书）
ISBN 978-7-5564-6053-3

Ⅰ. ①民… Ⅱ. ①刘… ②周… ③钟… Ⅲ. ①民办高校 — 产权 — 研究 — 中国 Ⅳ. ① D922.164
中国国家版本馆 CIP 数据核字 (2024) 第 011536 号

民办高校产权管理研究

MINBAN GAOXIAO CHANQUAN GUANLI YANJIU

出品人 方 平
责任编辑 黄佑志 责任校对 李庆华
封面设计 李 枫 责任督印 刘牧原

出版发行 长江出版传媒 430070 武汉市雄楚大道 268 号
湖北教育出版社 430070 武汉市雄楚大道 268 号
经 销 新 华 书 店
网 址 http://www.hbedup.com
印 刷 湖北新华印务有限公司
地 址 武汉市硚口区长风路 31 号
开 本 710mm × 1000mm 1/16
印 张 15
字 数 197 千字
版 次 2023 年 12 月第 1 版
印 次 2023 年 12 月第 1 次印刷
书 号 ISBN 978-7-5564-6053-3
定 价 58. 00 元

高等教育强国建设的文化底蕴（代序）

周海涛

党的二十大明确提出中国式现代化的使命任务，开启了现代化的新篇章。在迈上全面建设社会主义现代化国家新征程、向第二个百年奋斗目标进军的关键时刻，优先建设高等教育强国，以高等教育现代化支撑国家现代化，是中国式现代化的题中之义。在世界高等教育的发展史上，现代化对一个国家高等教育改革发展有决定性作用。我国是后发国家，建设高等教育强国，要全面贯彻党的教育方针，落实立德树人根本任务，既要借鉴各国高等教育现代化的共性，更要彰显基于我国国情的特性，尤其要同中华优秀传统文化相结合，凸显独有的文化底蕴，创造高等教育现代化的新形态。

“有教无类”。高等教育支撑全体人民共同富裕的现代化，凸显着我国历史“立己达人”的文化传统，摆脱了西方现代化带来的发达国家与发展中国家之间以及国家内部的贫富差距局限。推进高等教育强国建设，传承我国古代的思想家教育家孔子“有教无类”思想，超越近代一些西方国家确定人人受教育机会平等的做法，既保障平等的受高等教育的机会和条件，也确保人人平等的受高等教育的权利和义务，并努力促进高等教育效果的相对均等。持续推进高考招生改革，完善高校管理和教育评价体系，全方位推进高等教育的起点公平、过程公平和结果公平。着力造就拔尖创新人才，努力培养造就更多大师、战略科学家、一流科技领军人才和创新团队、青年科技人才、卓越工程师、大国工匠、高技能人才。

“德才兼备”。高等教育支撑物质文明和精神文明相协调的现代化，凸显着我国历史“安身立命”“富而好礼”的文化底色，摆脱了西方现代化带来的知识与信仰之间的巨大矛盾及其引起的信仰道德危机。推进高等教育强国建设，传承我国教育史上培养“德才兼备”“君子”的思想，超越西方国家一些高校偏重科学教育抑或偏重人文教育的做法，培养德智体美劳全面发展的社会主义建设者和接班人。坚持为党育人、为国育才，全面提高人才自主培养质量，引导大学生爱党报国、敬业奉献、服务人民。引导大学生认真学习和了解祖国的历史尤其是近代以来的历史，从中华民族站起来、富起来、强起来的历史进程中认清中国共产党和中国人民选择中国特色社会主义道路的历史必然性，探究人民在这一进程中所形成的强烈的民族自尊心、自豪感。自觉将自己的人生理想、职业理想同共产主义远大理想和中国特色社会主义共同理想统一起来，在服务人民、奉献祖国、实现中华民族伟大复兴中国梦的历史实践中实现自我价值，用实际行动践行“四个自信”。

“中和位育”。高等教育支撑人与自然和谐共生的现代化，凸显着我国历史“天人合一”的文化传统，摆脱了西方现代化在经济高速发展中对自然的巨大破坏的瓶颈。推进高等教育强国建设，传承我国儒家经典《中庸》的“致中和，天地位焉，万物育焉”以及“安其所”“遂其生”的理念——即“中和位育”思想，超越西方国家高等教育教学中一些绝对化、碎片化、极端化的做法，提供与良好的生态环境和社会持续发展相适应的高等教育正能量。确立“创新、协调、绿色、开放、共享”的新发展理念和人与自然和谐共处的基本方略，统筹职业教育、高等教育、继续教育协同创新，加强人才自主培养、科研自立自强、学科队伍建设的创新，持续协调高等教育的区域布局、结构比例和供需匹配度，强化自身内涵式发展和生态文明教育与实践的正向循环，把握国内国际两个大局、建设中国特色世界一流的高等教育体系，坚持人民至上的根本要求，彰显共建共享、提供惠及全民的优质教育服务，进一步优化高等教育内外生态环境。

“美美与共”。高等教育支撑走和平发展道路的现代化，凸显着中国历史“天下一家”的文化传统，摆脱了过去西方依靠战争、扩张实现现代化的老路。推进高等教育强国建设，传承我国数千年的历史实践中创造和延续的“天下”情怀，儒家的“大道之行，天下为公”的理想、法家的“以天下之财，利天下之人”的主张以及道家的“天下大同”“以和为美”的境界，古人一以贯之的“美美与共”文化逻辑，超越了西方一些国家高等教育领域的西方至上、其他国家高校低人一等的价值观以及设置“小院高墙”的做法，以更加包容和开放的心态来共建高等教育共同体。探索并发挥世界高等教育现代化进程中每一种模式的重要角色，发挥独特的作用，努力将古老的中华文明在新时代通过创造性转化和创新性发展在高等教育领域得到继承和弘扬，也与世界各国高等院校交流互鉴、交融合作，处理好古今中外的辩证关系，做出承载全人类共同价值的高等教育贡献。

（作者系北京师范大学教育学部教授）

目　录

绪　论

进入21世纪以来，我国民办高校快速发展，缓解了教育资源不足的矛盾，满足了大众接受多样化高等教育的需求，增强了教育发展的活力。自2002年《中华人民共和国民办教育促进法》（以下简称《民办教育促进法》）和2004年《中华人民共和国民办教育促进法实施条例》（以下简称《民办教育促进法实施条例》）颁布实施后，各地根据民办教育发展的实际情况陆续出台了一系列法规条例，对民办高校产权相关问题作出了规定。例如，《湖南省人民政府关于促进民办教育发展的决定》《上海市推进民办高等学校落实法人财产权的实施办法》分别涉及民办高校的法人属性、产权属性等。至2010年，保障民办高等教育健康可持续发展的政策框架已基本形成，为进一步完善民办高等教育政策奠定了基础①。民办高校发展初期，规模小、资产少，产权管理问题尚未成为关注热点。伴随民办高校规模的扩大，举办者原始投入和再投入资产的界定、资产增值部分的归属、清偿债务后剩余财产分配以及举办者退出机制等关涉产权管理的现实问题日益凸显，引起政府、学者以及社会各界的重视。因此，民办高校产权管理成为民办高等教育理论研究和实践探索的一个亟待深入探讨的课题。

一、研究意义

民办高校产权管理研究的关键是理论探索和实践创新相结合，前提是确立合适的理论基础和分析视角。本书的理论意义在于：一方面，丰富民办高校产权管理理论。本书以马克思主义产权理论为基石，参照西方现代产权理论的结构，分析我国民办高校所有权、收益权、控制权和处置权的基本状况，形成民办高校产权权益研究体系，从产权界定、产权配置、产权监管和产权运作等四个分析维度，构建民办高校产权管理理论。另一方面，为深入研究民办高校产权关系奠定基础。分析民办高校法人、举办者（出资人）、校长、

① 钟秉林，赵应生，洪煜，等.抓住历史机遇 化解深层矛盾 促进健康发展：我国民办高等教育改革与发展探析（一）[J].中国高等教育，2010（23）：12.

政府和教育行政部门以及其他相关产权主体拥有的权益，厘清各产权主体间的产权关系，为改进民办高校产权管理提供理论参考。

产权管理涉及的问题已成为制约民办高校发展的瓶颈之一，本书的现实意义在于：一方面，为推动民办高校产权管理的改革与发展提供决策支持。通过完善民办高校产权管理制度和机制，规范举办者办学行为，协调民办高校的公益性与营利性关系，为教育行政部门和相关部门进一步推动产权管理的改革和发展提供思路策略和政策建议。另一方面，为完善民办高校产权管理的法律政策体系提供现实依据。本书通过调查分析产权管理在产权界定、产权配置、产权监管和产权运作等方面的现实问题和形成原因，借鉴美、日等国的私立高校产权管理经验，探讨如何完善我国民办高校产权管理法律政策体系，促进深化产权管理改革，营造产权管理的良好氛围。

二、学术回顾

民办高校（私立高校[①]）产权管理研究包括民办高校产权内涵、产权界定、产权归属、产权配置、产权运作、产权现状和产权保护等方面。

（一）产权与民办高校产权内涵

关于产权与民办高校产权内涵的研究，主要集中在产权定义、产权特性和功能、教育产权内涵、教育产权特性、民办高校公益性等方面。

关于产权定义，代表性观点有三种。第一种观点认为，产权是政府通过法律等强制性方式规定人对物的权利。阿尔钦认为，产权是一个社会所强制实施的选择一种经济品的使用的权利。私有产权的强度由实施它的可能性与成本衡量，这些又依赖于政府、非正规的社会行动以及通行的伦理和道德规范[②]。第二种观点从产权功能和作用角度定义。如德姆塞茨认为，产权是一

① 检索外文资料时，运用与民办高校相对应的“私立高校”。相关综述也用这一概念。

② 科斯，阿尔钦，诺斯，等.财产权利与制度变迁：产权学派与新制度学派译文集[C].上海：三联书店上海分店、上海人民出版社，1994：166.

种社会工具，其重要性就在于它们能帮助一个人形成他与其他人进行交易的合理预期。产权包括一个人或其他人受益或受损的权利，界定人们如何受益及如何受损，因而谁必须向谁提供补偿以使他修正人们所采取的行动①。第三种观点是，产权不仅包括人对物的权利，而且包含了人与人的社会关系。如费舍尔认为，产权是指抽象的社会关系②。巴泽尔指出，个人对资产的产权由消费这些资产，从这些资产中取得收入和让渡这些资产的权利或权力构成③。菲吕博腾等认为，产权不是指人与物之间的关系，而是指由物的存在及关于它们的使用所引起的人们之间相互认可的行为关系④。

学者们认为产权的资产可分为有形资产和无形资产两类。马歇尔把有明确所有者并能用货币来衡量的财货分为物质财货和非物质财货两类，即“能够转让和交换的具有私有财产权的物质财货，以及不属于自己但能使其获利的非物质财货。”⑤康芒斯在对无形财产的分析中指出，“无形财产是完全不同的各种预期，例如商誉、专利权、铁路的评价、继续经营的权利、可以参加某一种劳动市场的权利，它们的现在价值决定于在集体行动的控制下预期可以从未来交易中获得的数量和价格。”⑥

学者们认为产权具有排他性和不可剥夺性，具有激励和约束功能。如诺思（又译为诺斯）认为产权本质是一种排他性权利⑦。艾克曼指出，产权的不可剥夺性是法学和经济学的共识，依法拥有的任何所有权或使用权不可转

---

① 科斯，阿尔钦，诺斯，等.财产权利与制度变迁：产权学派与新制度学派译文集[C].上海：三联书店上海分店、上海人民出版社，1994：97.

② FISHER I.Elementary principles of economics[M].New York:Macmillan,1923:27.

③ 巴泽尔.产权的经济分析[M].费方域，段毅才，译.上海：上海人民出版社，1997：2.

④ E.菲吕博腾，配杰威齐.产权与经济理论：近期文献的一个综述[A].科斯，等.财产权利与制度变迁：产权学派与新制度学派译文集[C].上海：三联书店上海分店、上海人民出版社，1994：204.

⑤ 马歇尔.经济学原理（上卷）[M].朱志泰，译.北京：商务印书馆，1964：76.

⑥ 康芒斯.制度经济学（下册）[M].于树生，译.北京：商务印书馆，1962：162.

⑦ 道格拉斯·诺思.经济史中的结构与变迁[M].陈郁，罗华平，等，译.上海：三联书店上海分店，1991：21.

移[①]。德姆塞茨认为，通过激励机制实现更大外部经济效果的内在化是产权的主要功能[②]。菲吕博腾等指出，不同的产权分配导致不同的奖惩结构，从而影响到决策者的最终选择[③]。坎贝尔等认为，产权在制度化以后，会限制组织机构变革中的选择过程[④]。

学者们主要通过以下两种方式对教育产权内涵进行分析。一种方式是从主体和客体两个角度理解。如邬大光和胡赤弟指出，从主体角度看，教育产权是指个人、学校、政府、企业等在投资、管理和使用教育资源中产生的财产权利。从客体角度看，教育产权包括物质资源、财力资源、人力资源以及无形资产所形成的产权[⑤]。徐文认为，参与教育活动的组织和个人等产权拥有者，是教育产权的主体。例如，政府、教育行政机构、教育者、受教育者等。而各类有形和无形的教育财产等产权载体，是教育产权的客体。例如，土地、教育设备、教学活动中的人力资本等[⑥]。丁明鲜依据教育资本运作阶段，将教育产权主体分为教育资本的投资主体、经营主体和产权交易主体三种类型[⑦]。文东茅根据资产形态的不同，指出教育产权客体包括有形资产、无形资产和人力资本三种类型。其中，有形资产包括土地、建筑、仪器设备等，无形资产包括学校声誉、传统、制度等，人力资本包括依附于校长、教师和管理者等身上的人力资本[⑧]。另一种方式是从教育产权权利关系角度阐

① ROSE-ACKERMAN S.Inalienability and the theory of property rights[J].Columbia Law Review,1985,85（5）:931.

② DEMSETZ H.Toward a theory of property rights[J].The American Economic Review,1967,57（2）:347-348.

③ FURUBOTN E G,Pejovich S.Property rights and economic theory:A survey of recent literature[J].Journal of Economic Literature,1972,10（4）:1138.

④ CAMPBELL J,Lindberg L.Property rights and the organization of economic activity by the state[J].American Sociological Review,1990,55（5）:635.

⑤ 邬大光，胡赤弟．教育产权的产生、运行与大学组织[J].教育与经济，2005（2）：16.

⑥ 徐文．教育产权概念解析[J].武汉市经济管理干部学院学报，2005（3）：30.

⑦ 丁明鲜．教育产权研究综述[J].四川师范大学学报（社会科学版），2006（4）：76.

⑧ 文东茅．论民办学校的产权与控制权[J].清华大学教育研究，2003（2）：30-32.

释。如靳希斌认为，教育产权是拥有举办教育机构财产的权利，即人们围绕着教育财产所结成的权利关系①。李建军指出，教育产权所体现的权利关系的本质，是反映教育产权主体的意志和财产的价值②。张万朋和薛天祥从教育产权的权利构成要素方面指出，教育产权包括对教育资产的所有权和其他权利，如占用、使用、收益和处置等，以及专利权、著作权等非物权和其他行为性权利③。

关于教育产权的特性，主要有两种观点。一种观点认为，教育产权具有法律权威性和排他性。如杨丽娟指出，从经济学角度看，与企业产权类似，教育产权具有法律的权威性和强制性，是整体性和分割性的统一、责任与权利的统一，以及自由和限制的统一④。靳希斌认为，体现法权形式的教育产权受到法律保护，不论其属于私人产权还是公有产权，都具有排斥其他人员侵占或分割的排他特性⑤。另一种观点认为，教育产权具有明晰性和效率性。如刘晖和邹艳春指出，从宏观层面看，明晰教育产权能够优化资源配置，提高教育资源使用效率，解决产权界定不清产生的低效率问题。从微观层面看，明晰教育产权能够使投资者、经营者和教职工之间形成产权明晰、权责分明、利益明确、相互监督的关系和机制，使学校真正成为自主办学的法人实体，提高教育资源的利用率⑥。

虽然在民办高校办学过程中，营利是民办高校举办者持续注资的重要驱动力，但学者们普遍倡导民办高校办学应坚守公益性。如陈文联认为，公益

① 靳希斌．教育产权与教育体制创新：从制度经济学角度分析教育体制改革问题 [J]. 广东社会科学，2003（2）：75.

② 李建军．制度经济学视野下的教育产权与高等教育体制改革和创新 [J]. 高等教育研究，2008(5)：10.

③ 张万朋，薛天祥．产权与教育产权：一种基于经济学说史视角的分析 [J]. 江苏高教，2003（6）：8.

④ 杨丽娟．关于教育产权若干问题的探讨 [J]. 教育与经济，2000（1）：13-14.

⑤ 靳希斌．教育产权与教育体制创新：从制度经济学角度分析教育体制改革问题 [J]. 广东社会科学，2003（2）：75.

⑥ 刘晖，邹艳春．论保护教育产权与优化教育资源配置 [J]. 高教探索，2004（4）：45.

性的弱化使得民办高校存在众多问题，必须发挥产权的激励功能和约束功能，健全产权制度。只有将民办高校的产权问题解决好了，才能从根本上解决民办高校的趋利性问题，确保教育公益性的实现[①]。王一涛认为，公益性产权制度有利于民办高校的可持续发展，是我国民办高校可以选择和借鉴的发展道路，符合我国民办高等教育的发展趋势。民办高校的公益性可以通过产权制度来体现和保障，需要举办者正确看待合理回报，适时分权。政府提供必要的经费支持，引导更多民办高校主动选择公益性发展道路[②]。石猛指出，民办高校产权存在的问题成为制约民办高校发展的制度瓶颈，坚持公益性产权制度是我国民办高校最好的发展出路。办学不以营利为目的，不将学校看作是短期的营利性机构，剩余财产可继续用于公益性目的[③]。

（二）民办高校产权界定

关于民办高校产权界定的研究，主要集中在私立高校产权界定、民办高校产权内容、民办高校产权界定等方面。

关于私立高校产权界定，代表性观点有两种。凯瑟和利维认为，在教育领域，私立学校既可以是非营利性实体，也可以是营利性实体。非营利性实体的所有权归董事会或受托人所有，董事会或受托人不分享利润，但承担一定的债务。营利性实体的所有权归个人或股东所有[④]。苏淳认为，私立高校产权主要包括财产权、管理任命权和融资权三个内容，而财产权又由法定财产权和经济财产权两个维度构成。其中，法定财产权指的是政府认可或要求执行的权利，经济财产权指的是个体直接消费属于资产的物品或服务，或通

① 陈文联．公益性的持守：民办高校不容放弃的使命[J]．中国高等教育，2010（18）：60.

② 王一涛．论公益性民办高校产权制度的构建[J]．中国高教研究，2010（9）：63.

③ 石猛．当前我国民办高校产权问题探讨[J]．中国成人教育，2012（13）：44.

④ KINSER,K,LEVY D C.For-profit higher education:US tendencies,international echoes[M]//FOREST J J,ALTBACH P G.International handbook of higher education,Dordrecht:Springer,2007:103-119.

过交换间接消费资产的能力[①]。

关于民办高校产权内容的研究，学者们主要从学校产权、高校产权、民办学校产权、民办高校产权四个层面依次进行分析。如潘懋元和胡赤弟指出，学校产权是指学校各类财产所有权及其派生出来的一系列权利的总称[②]。史秋衡和宁顺兰认为，高校产权指的是高校的财产权利，是由财产所有权、使用权、收益权以及与财产所有权有关的其他财产权利所构成的一组权利束[③]。文东茅指出，民办学校产权权利具有多样性特点，民办学校的产权界定实质上是对各种财产权利的界定，包括财产所有权、收益权以及与财产有关的招生权、人事权等其他权利[④]。王一涛依据《民办教育促进法》和《民办教育促进法实施条例》相关条文规定，将民办高校产权分为举办者获取合理回报的收益权、举办者和创办者对重大事务的控制权、学校和举办者变更的处分权，以及学校终止后剩余财产的分配权等内容[⑤]。杨挺指出，民办高校法人产权是学校法人拥有的以财产所有权为核心的综合性财产权[⑥]。

关于民办高校产权界定的研究，学者们主要依据学校的营利性与非营利性这一标准来划分民办高校类型，进行产权界定。如别敦荣和郭冬生认为，民办高校具有营利性和非营利性两重属性，将民办高校划分为国有民办高校、公有民办高校、民有民办高校、私立高校等类型。国有民办高校的所有权属于国家，学校的财产支配权和处置权委托给学校法人。公有民办高校所有权属于公共产权性质，学校拥有法人财产权。民有民办高校产权属于学校法人，学校资产与出资人投入资产相分离。私立高校所有权、支配权、经营权和收

---

① SU S.The policy environment of private higher education in China:A discussion based upon property ownership rights[J].Asia Pacific Education Review,2012,13（1）:157-169.

② 潘懋元，胡赤弟．民办高校产权制度改革的若干问题[J].教育研究，2002（1）：27.

③ 史秋衡，宁顺兰．高等学校产权分析[J].教育与经济，2002（4）：11.

④ 文东茅．论民办学校的产权与控制权[J].清华大学教育研究，2003（2）：32.

⑤ 王一涛．民办高校产权：分析框架的初步建构及应用[J].华中师范大学学报（人文社会科学版），2009（5）：137-138.

⑥ 杨挺．论民办高等学校的产权法律关系[J].中国教育法制评论，2007（5）：54.

益权等归投资举办者所有[①]。再如，王善迈针对营利性和非营利性民办高校收益权和财产权的确定提出了建议，认为非营利性民办高校不具有收益权和财产权，但可给予举办者适当奖励以鼓励其捐资办学，而营利性民办高校可参照企业制度设计，享有收益权和财产权。同时，这两类民办高校在税收和财会制度上要差异化对待，在财政扶持制度上既统一又有所区别[②]。高卫东指出，考虑到教育的特殊性，除了比照企业产权界定方法以外，还要对营利性民办高校行使产权作出特别规定[③]。

（三）民办高校产权归属

关于民办高校产权归属的研究，主要集中在民办高校产权归属类别、民办高校产权归属原则等方面。

关于民办高校产权归属类别，代表性观点有三种。宁本涛认为，财产归属问题的焦点在于，要分清不同办学主体举办的民办教育组织中国有资产、举办者投入的资产以及办学积累资产的来源[④]。陈宝瑜指出，依据民办高校筹资渠道的不同，政府、民办企事业单位、公民个人或爱国华侨拥有各自投入资产的产权，社会捐赠、学杂费、校办企业收入、科研技术服务、金融机构贷款以及租赁校舍及教育设施等收入形成的资产归学校所有，联合办学或合作办学的收入形成的产权各属原主，互不占有，合作使用[⑤]。徐冬青认为，举办者或公民个人、政府、企事业单位拥有各自投入资产的产权，社会捐资、赞助以及校产增值部分的产权归学校所有[⑥]。

关于民办高校产权归属原则，代表性观点有两种。武毅英认为，多种成

---

① 别敦荣，郭冬生．我国民办高等学校产权问题初探 [J]. 高等教育研究，2000（1）：85.

② 王善迈．民办教育分类管理探讨 [J]. 教育研究，2011（12）：34-38.

③ 高卫东．营利性民办学校及其产权界定 [J]. 教育科学研究，2001（3）：16.

④ 宁本涛．中国民办教育产权研究 [M]. 济南：齐鲁书社 2003：33.

⑤ 陈宝瑜．民办学校需要建立多元化的产权关系：谈民办学校的筹资立法问题 [J]. 北京成人教育，1997（11）：38-40.

⑥ 徐冬青．办学体制多元化的产权关系与运行机制研究 [J]. 教育评论，2000（5）：13.

分的民办院校产权分配原则，应遵循学校优先发展原则、所有权与使用权分离原则、比例风险与比例利益原则、股权与股息相区别的原则①。史秋衡和宁顺兰指出，完全民办高校财产的最终归属权应以充分发挥产权的效率与约束功能为原则②。

（四）民办高校产权配置

关于民办高校产权配置的研究，主要集中在产权配置中的委托代理问题、民办高校产权结构、民办高校利益相关者、民办高校家族化管理问题等方面。

学者们从不同角度对产权配置中的委托代理问题展开研究。詹森和麦克林对委托代理问题进行了实证研究，把代理成本与企业的筹资方式联系在一起，认为均衡的产权结构由股权和债权之间的关系决定③。霍姆斯特姆和梯若尔研究了公司内部产权结构的激励机制，认为虽然内部激励机制能够取得一定效果，但管理者投入难以掌控，内部激励机制效果受到限制④。哈特⑤、法玛⑥等人更侧重通过公司外部环境中的市场机制研究代理问题。他们认为，对于所有权和控制权分离的现代企业而言，企业外部环境竞争性会促使管理者努力工作。

民办高校产权结构，也引起了学者们的注意。吴华等认为，依据自然人和法人这两种学校产权主体的不同组合，可以形成学校的一元产权结构和多元产权结构。前者表现形式是独资学校，也是学校发展初期产权结构的主要

① 武毅英．论民办高等教育的产权关系[J]．现代大学教育，2002（1）：26-27.

② 史秋衡，宁顺兰．高等学校产权分析[J]．教育与经济，2002（4）：13.

③ JENSEN M C,MECKLING W H.Theory of the firm:Managerial behavior,agency costs,and ownership structure[J].Journal of Financial Economics,1976,3（4）:305-360.

④ HOLMSTROM B,TIROLE J.The theory of the firm[M]//SCHMALENSEE R,WILLIG R D.Handbook of industrial organization New York:North Holland,1989:61-133.

⑤ HART,OLIVER D.The market mechanism as an incentive scheme[J].The Bell Journal of Economics,1983,14（2）:366-382.

⑥ FAMA E F.Agency problems and the theory of the firm[J].The Journal of Political Economy,1980,88（2）:288-307.

类型。学校的举办者既是学校的所有者，又是学校的管理者。而后者的典型代表则是由多个法人共同出资举办的股份制学校[①]。武毅英认为，办学模式和形式的多样化，是导致其资源产权结构多元化的直接原因。根据不同产权主体资产组合，将民办高校的办学模式分为教育股份合作制、教育集团制和“大学城”体制三种类型[②]。阙海宝根据民办高校产权结构的优化组合，将教育股份合作制细化为建立具有法人资格教育股份公司的教育股份合作制、学校和合作单位共同出资的合作单位股份制，以及由法人基金股、普通股等组成的混合股份制三种具体模式[③]。明航采用案例分析方法，通过产权的激励机制、约束机制和决策机制，分析了股份制民办学校、集团制民办学校和家族制民办学校在股东大会、董事会、监事会的所有权、表决权、收益权等方面的产权配置和治理机制[④]。

关于民办高校利益相关者的研究，学者们主张按学校内外部对利益相关者进行划分。杨炜长指出，民办高校是一种典型的利益相关者组织，包括举办者、学生和教职工等内部利益相关者，政府、社会公众和金融机构等外部利益相关者。因此，为保障民办高校的公益性和完善学校治理结构，民办高校应建立以监事会为重点的内部监督机制和以政府监管为主体的外部监督机制[⑤]。王庆如和王连森认为，民办高校利益相关者包括以政府为代表的主导利益相关者，以学生为代表的核心利益相关者，以教师、出资者和管理者为代表的关键利益相关者，以及以企业和社区为代表的边缘利益相关者四个层次，并提出建立多元主体参与、共同协作发展的治理模式，是民办高校提升

---

① 吴华，徐正福，徐晓东．民办学校产权模式新视角：椒江“教育股份制”实践价值的再认识[J]. 教育研究，2004（12）：42.

② 武毅英．论民办高等教育的产权关系[J]. 现代大学教育，2002（1）：27-28.

③ 阙海宝．民办高校产权的制度完善与创新[J]. 教育与职业，2009（17）：6.

④ 明航．民办学校产权配置与治理机制研究[M]. 北京．教育科学出版社，2008.

⑤ 杨炜长．利益相关者视角下民办高校监管体系的构建[J]. 中国高教研究，2012（6）：77-80.

办学水平的必然选择[①]。

关于民办高校家族化管理问题的研究，学者们主要集中分析家族化管理的形成原因和管理模式特征两个方面。在家族化管理的形成原因方面，王一涛和徐绪卿认为，滚动发展型民办高校由于产权不明晰，学校的所有权和管理权没有真正分离，举办者担心专职校长会弱化其对学校的控制权[②]。王一涛指出，民办高校资产绝大多数来自举办者的投资和学校滚动发展。这是导致民办高校举办者接班人问题大量产生的重要原因，其实质是学校控制权的代际传承[③]。在家族化管理的模式特征方面，卢彩晨指出，我国家族式民办高校先后经历了校主治理模式、泛家族化治理模式和类公司式治理模式，学校的所有权和经营权也随之由统一于举办者手中，到家族成员掌握财权、人事权等核心控制权，逐渐转变为学校的所有权与经营权完全分离[④]。冯淑娟和徐绪卿认为，民办高校家族化管理主要体现在学校资产产权和资源支配权、主要领导成员及其轮换交替体制、学校决策机制和管理机制、学校生产与发展等方面[⑤]。

（五）民办高校产权运作

关于民办高校产权运作的研究，主要集中在民办高校产权运作含义、产权运作中政府作用、民办高校产权运行机制等方面。

关于民办高校产权运作的含义，张铁明指出，民办高校产权运作包括相互联系的内部和外部两个方面。学校内部的产权运作是指负责具体运营和管理学校产权的内部治理结构。学校外部的产权运作是指独立的学校法人与外

① 王庆如，王连森．利益相关者视角下民办高校提升办学水平的策略[J].现代教育管理，2012(4):25.

② 王一涛，徐绪卿．民办高校家族式管理现象的成因及对策[J].中国高等教育，2009(8)：56.

③ 王一涛．民办高校创办者子女接班：一个值得关注的现象[J].高等教育研究，2012(7)：84.

④ 卢彩晨．家族式民办高校治理模式的演变及调适[J].大学（学术版），2010(10)：9-10.

⑤ 冯淑娟，徐绪卿．关于我国民办高校家族化管理的若干思考[J].教育发展研究，2009(12)：39-40.

部投资者之间所形成的产权关系[①]。张晓红指出，民办高校产权制度是民办高校产权运作的有效保障，是产权界定、产权结构、产权监督等规范化和制度化的体现，主要包括产权界定、法人制度和法人治理结构等三方面内容[②]。

关于产权运作中政府的作用，克拉克认为，财产权利的保护是国家存在的基本理由，产权制度的建立与维护是国家的基本职能。国家如果不维持财产权，就没有存在的理由[③]。萨伊指出，资本是在政府保护下所积累的价值，强调财产的产权性质具有法律强制性特征，财产权的法律保护极端重要[④]。桑亚尔和约翰斯通认为，在政府对公立高校和私立高校的财政扶持方面，资金来源并不是区分营利性与非营利性的标准[⑤]。鲍威尔和斯坦伯格指出，营利性学校需要纳税。非营利性学校不仅免税，而且接受政府的额外补贴[⑥]。

关于民办高校产权运行机制，邬大光和胡赤弟根据产权主体间的相互关系，认为交易是产权最基本的运作单位，教育产权运行是以强制求公益为原则的政府机制、以自愿求私益为原则的市场机制、以自愿求公益为原则的志愿机制三者结合的结果[⑦]。王振朋和辛婷婷指出，民办高校产权运行机制包括内部治理机制、产权交易机制、产权意志机制和监督机制四个层次[⑧]。

（六）民办高校产权现状

关于民办教育产权，学者们主要从以下四个方面分析民办高校产权管

---

① 张铁明．论国有教育产权的运作及其特点 [J]. 教育评论，1998（2）：8.

② 张晓红．我国民办高校产权问题现状及对策分析 [J]. 中国科技论坛，2010（10）：114.

③ 克拉克．财富的分配 [M]. 陈福生，陈振骅，译．北京：商务印书馆，2009：16.

④ 萨伊．政治经济学概论：财富的生产、分配和消费 [M]. 陈福生，陈振骅，译．北京：商务印书馆，1963：140.

⑤ SANYAL B,JOHNSTONE B.International trends in the public and private financing of higher education[J].Prospects,2011,41（1）:157 - 175.

⑥ POWELL W W,STEINBERG R.The nonprofit sector:a research handbook[M].London:Yale University Press,2006:462–485.

⑦ 邬大光，胡赤弟．教育产权的产生、运行与大学组织 [J]. 教育与经济，2005,（2）：16-17.

⑧ 王振朋，辛婷婷．从产权经济学看民办高校产权的生成及其运行机制 [J]. 浙江树人大学学报，2011（4）：23.

理存在的问题。在产权界定方面，产权不明晰。如宁本涛认为，学校举办者投入的资产与其个人资产划分不清楚，导致产权不易界定[①]。阙海宝和张海东指出，民办高校在创办初期主要依靠滚动发展，学校的产权界定并不是其关注点，导致了学校产权公益性的模糊[②]。在产权归属方面，归属不明确。如王茜认为，目前学界对产权归属的认识存在分歧，主要有“投资者所有说”“国家所有说”“集体所有说”和“混合所有说”等四种主张[③]。在产权配置方面，配置不适当。如陈秋苹认为，目前法律上缺乏对民办高校投资方与管理者之间权利义务关系的严格制衡和约束，导致办学过程中出现权责不匹配现象[④]。在产权运作方面，产权市场发展落后。如杭永宝和王荣认为，教育产权市场落后主要表现在学校用于筹措资金的融资工具匮乏，人力资本市场不够健全，教育产权流转不畅等方面[⑤]。

（七）民办高校产权保护

关于民办高校产权保护的研究，主要集中在民办高校产权保护原则、民办高校产权保护措施等方面。

关于民办高校产权保护原则，代表性观点有：肖晗认为，民办高校保护需要遵循的基本原则包括民办学校的公益性、民办教育的可持续发展、国有资产不流失、出资人权责利对称、鼓励社会捐赠等五个方面[⑥]。刘晖和邹艳春指出，要健全民办高校产权保护的法律体系。在《民办教育促进法》及其实施条例中，明确设立民办教育产权保护的条款和保护举办者权益的措施[⑦]。王一涛进一步认为，在修改和完善民办高校产权保护相关的法律法规

① 宁本涛．中国民办教育产权研究 [M]. 济南：齐鲁书社，2003：34.

② 阙海宝，张海东．民办高校产权的法律保护 [J]. 教育探索，2006（12）：23.

③ 王茜．民办教育机构产权归属制度的完善 [J]. 继续教育研究，2011（12）：18.

④ 陈秋苹．立足促进：民办高校产权问题探析 [J]. 中国高等教育，2003（18）：39.

⑤ 杭永宝，王荣．教育产权制度问题与对策 [J]. 教育发展研究，2004（Z1）：69-70.

⑥ 肖晗．民办学校产权制度的修改与完善 [J]. 职业技术教育，2008（4）：76.

⑦ 刘晖，邹艳春．论保护教育产权与优化教育资源配置 [J]. 高教探索，2004（4）：44-45.

中，着重解决滚动发展型民办高校举办者资产比例核算、资产收益和剩余财产归属、学校内部管理的控制权和处分权等问题[①]。

关于民办高校产权保护措施，代表性观点有：阙海宝和张海东认为，根据资产的类别和产权的性质及其功能，明确界定学校资产的所有权和主体间的产权关系[②]。罗海燕认为，应该明晰归属权，保障学校法人和举办者的权益并协调两者的利益平衡。[③]张宏博认为，民办高校应进行产权调整，逐步形成由举办者、经营者共同分享所有权的格局，治理机构也应逐步从“董事会至上”向“利益相关者主导”转变[④]。刘根东和吴寒飞指出，明确法人产权制度，健全董事约束与筛选制度，完善校长的激励与约束机制，设立内外监督机构，提高民办高校内部的运行效率[⑤]。王云儿认为，通过明晰产权，分类管理，优化融资环境，建立规范的退出机制，完善和落实相关政策等途径，促进民间资本进入民办高等教育领域[⑥]。王彬指出，建立和完善投融资市场，提高民办高校的风险控制水平，规范产权转让与变更市场[⑦]。

（八）研究评析

已有研究体现出研究范围广、成果数量多的特点，为本书从产权界定、产权归属、产权配置、产权运作等方面研究产权管理奠定了基础，提供了一系列基本问题的分析线索。但是，这些研究也存在以下不足：

第一，理论层面研究的体系化和系统性不足。目前，国内关于民办高校

---

① 王一涛．民办高校产权：分析框架的初步建构及应用[J]．华中师范大学学报（人文社会科学版），2009（5）：139.

② 阙海宝，张海东．民办高校产权的法律保护[J]．教育探索，2006（12）：24.

③ 罗海燕．民办学校与举办者的产权关系研究[J]．民办教育研究，2005（6）：42.

④ 张宏博．民办高校产权调整的新制度经济学分析：基于广东省X学院的个案研究[J]．教育发展研究，2010（5）：45.

⑤ 刘根东，吴寒飞．X（低）效率理论下的民办高校法人治理研究[J]．中国高教研究，2011（7）：16-17.

⑥ 王云儿．畅通民间资本进入民办高等教育领域研析[J]．中国高等教育，2010（19）：27-28.

⑦ 王彬．论民办高校的产权治理机制[J]．民办教育研究，2010（7）：23-24.

产权管理的研究正处在起步发展阶段，主要集中探讨产权及其相关概念，着重分析民办高校产权界定与归属、民办高校产权结构与重组，以及民办高校产权制度等方面。这些研究较多关注现实层面中民办高校在产权管理方面存在的问题，尚需深入挖掘产权理论，形成符合民办高校发展的产权理论基础。

第二，单学科研究较多，跨学科研究不够。目前，国内学者主要从单一视角对产权问题进行研究。例如，有学者从法学的角度分析我国现有的法律政策和制度在民办高校产权方面存在的问题。也有学者从制度经济学角度阐释教育产权的含义和特性，分析教育产权与教育行政管理体制、办学体制、学校组织内部管理体制之间的关系。这些单学科研究较为深入，亟待利用跨学科方法作整体分析。

第三，思辨性研究较多，实证性研究较少。有学者采用案例分析方法，逐一分析总结股份制民办学校、集团制民办学校和家族制民办学校在产权配置和治理机制方面的情况。有学者通过对广东省 X 学院的个案研究，从举办者、经营者和管理者三个层面切入，分析民办高校中由于人力资本专用性而导致的控制权让渡过程及其可能的均衡结果。也有学者从理论和实证两个层面，对 45 所民办高校法人财产状况进行调查分析，并就如何妥善落实民办高校法人财产权问题提出对策建议。在这些研究所作可贵探索的基础上，有望更广更深入地探讨。

三、主要框架

近年来，伴随民办高校规模的扩大，举办者原始投入和再投入资产的界定、资产增值部分的归属、清偿债务后剩余财产的分配以及举办者退出机制等涉及产权的问题日益凸显，引起政府、学者以及社会各界的重视，民办高校产权管理成为一个亟待深入探讨的课题。本书旨在改进产权管理，理顺民办高校产权关系，激发产权主体的积极性，充分统筹资源，促进民办高校产权效用最大化，保障民办高校健康有序发展，主要包括以下四个问题：第一，民办高校产权管理的基本内容是什么？第二，民办高校产权管理现状如何，存在哪些问题，这些问题形成的原因是什么？第三，国外私立高校在产权管理方面有哪些值得借鉴的经验？第四,民办高校产权管理的改进策略有哪些？

基于此，本书以民办高校产权管理为选题，分五个步骤进行了研究：明确问题和框架，回溯理论基础，分析现状和问题，借鉴国外经验和做法，提出改进策略建议。具体安排如下：

第一部分即绪论，剖析民办高校产权管理的必要性，梳理相关文献资料并进行评析，进而明确研究问题，进行研究设计。

第二部分即第一章，回溯马克思主义产权理论、西方现代产权理论以及利益相关者理论的基本观点，确立本研究的理论支撑。本书认为，民办高校产权管理是对民办高校产权主体所拥有的各项权益进行界定、配置、监管、运作等一系列管理行为的统称。针对以所有权、收益权、控制权和处置权为核心的民办高校产权权益体系，从产权界定、产权配置、产权监管和产权运作等四个维度来把握民办高校产权管理。

第三部分含第二、三章，回顾民办高校产权的阶段特征与管理现状，调查分析存在的问题和原因。本书通过问卷调查和访谈分析，民办高校管理者对产权管理的重要性已达成共识，但对产权管理现状不满意。不同类型的民办高校管理者在产权管理重要性认知和现实符合度方面存在差异。当前存在的主要问题有：法人产权不完整，能否营利和回报办法不规范；内部治理结构不完善，举办者管理能力欠缺；监管职能分散，资产财务制度不健全；筹融资渠道不畅，转让退出机制缺失。这些问题背后，既有认识不一致的原因，更有制度政策不完备的影响。

第四部分即第四章，分析国外私立高校始终坚持公益性的核心价值导向，办学经费来源渠道多样且资金充裕，政府通过立法措施和制度规则保障私立高校产权管理的做法和经验，为我国民办高校产权管理提供借鉴。

第五部分即第五章，从理念定位、产权界定、产权配置、产权监管和产权运作等方面提出我国改进民办高校产权管理的策略建议。包括坚持公益价值导向、建立健全配套政策的理念；依法落实法人产权，完善合理回报制度；推动多元主体共同治理，发挥产权管理效能；建立专门监管机构，规范资产财务监管；拓展筹融资方式，健全转让退出机制。在此基础上，对本研究进行总结，分析存在的不足，并对民办高校产权管理的发展进行展望。

本书采用规范分析和实证研究相结合的研究方法。规范分析从学理层面上为引出问题、认识问题、理解问题奠定基础，实证研究为进一步剖析问题、解决问题提供依据。

一是采用文本分析法。分析归纳马克思主义产权理论、西方现代产权理论、利益相关者理论以及产权管理相关文献资料，形成民办高校产权管理基本思路。

二是采用比较研究法。以美国和日本等国外私立高校为研究对象，通过相关文献资料和网站信息，对私立高校产权管理情况进行比较分析，总结值得我国借鉴的经验做法。

三是采用问卷调查法。在理论分析的基础上，自编《民办高校产权管理调查问卷》，对民办本科和高职高专院校的负责人（举办者、校长、副校长等）以及教育行政部门民办教育工作的负责人进行调查，掌握我国民办高校产权管理的基本情况。

四是采用访谈法。通过与民办高校举办者、行政管理者、党委书记以及教育行政部门民办教育负责人等群体进行访谈，分析民办高校在产权界定、产权配置、产权监管和产权运作方面存在的问题和形成原因，并探讨解决办法。

第一章

民办高校产权管理研究的理论基础

民办高校产权管理研究的理论基础是马克思主义产权理论、西方现代产权理论和利益相关者理论。本章在梳理上述理论基本观点的基础上，从产权界定、产权配置、产权监管和产权运作等四个维度来把握民办高校产权管理的分析理路。

第一节　马克思主义产权理论

马克思主义产权理论是与所有制相联系的所有权理论。马克思主义产权理论以“所有权”“所有权关系”“所有制”“所有制关系”等为研究重点，注重分析资本主义企业的产权结构和产权关系，解释财产权利关系及其演变过程。其基本内容包括四点：首先，所有权表现为一组不同权利的组合。这是资本主义生产关系再生产的前提。资本主义制度下的所有权体现的是资本主义占有关系，具有排他性和可交易性。其次，所有权是反映经济关系的所有制的法权形式。不同历史发展阶段中的所有权均是生产力与生产关系在特定历史时期下的表现形式。再次，所有制是人们围绕财产客体，依据所有制主体的社会地位和阶级属性而结成的相互间的经济关系。在经济生活中，所有制主体拥有所有权、占有权、支配权和使用权等基本权益。生产资料所有权制度决定了人们在社会生产关系中的地位与相互关系，集中体现了社会经济制度的本质特征。最后，所有制本质上是物质利益关系的体现。所有制性质的界定和产权制度的具体安排，能够规范不同产权主体之间的权利、责任、利益。因此，可以通过制定产权规则来明确产权关系。

一、产权的经济关系和法权关系

产权是所有制关系的法律表现形式。它本质上是一种法权关系。也就是说，财产权利经过法律的认可和保护以后，就体现为法律意义的权利关系。

马克思指出："私有财产的真正基础，即占有，是一个事实，是不可解释的事实，而不是权利。只是由于社会赋予实际占有以法律的规定，实际占有才具有合法占有的性质，才具有私有财产的性质。"[①] 从产权的经济关系和法律关系形成的时间顺序看，反映经济关系的产权属于经济基础范畴，最先出现。反映经济关系的法权形式的产权属于上层建筑，产生在后。随着社会经济的发展，国家通过制定法律来界定和保护产权，调整所有制关系。因此，法权关系由经济关系决定，是经济关系的体现。

二、资本主义企业内部产权结构的演变

马克思、恩格斯考察和分析了工场手工业时期与简单分工协作相适应的手工工场、第一次工业革命时期与机器大工业相适应的工厂，以及第二次工业革命时期与技术革命发展相适应的股份制企业等资本主义企业产权结构的发展（见表 1），揭示了"企业制度（主要是企业产权制度）变化的根本原因是生产力的发展，具体表现为技术水平和生产社会化程度提高、生产范围和规模急剧扩大、管理要求不断提高等"的规律[②]。马克思、恩格斯认为，随着生产力水平的提高和社会分工的深化，生产资料所有权与占有权、使用权逐渐分离，先后产生了独资经营企业、合伙经营企业，以及出资人所有权与法人财产权相分离的股份制企业。在此过程中，企业产权主体的经营管理能力逐渐与企业的资产规模的扩大不匹配。于是，企业产权结构发生变化，企业资本运行和管理职能日益专业化，原有单一的产权主体变为货币资本家和职能资本家两个不同的产权主体，即"实际执行职能的资本家转化为单纯的经理，即别人的资本的管理人，而资本所有者则转化为单纯的所有者，即单

① 马克思，恩格斯．马克思恩格斯全集（第 1 卷）[M]．中央编译局，译．北京：人民出版社，1956：382.

② 吴宣恭，等．产权理论比较：马克思主义与西方现代产权学派 [M]．北京：经济科学出版社，2000：168.

纯的货币资本家”[①]。企业资本所有权与经营管理权由统一到分离的演变，使企业能够集中进行管理和决策，有利于资本所有者的财产监督，以及合理配置出资人与经营者的产权及其相互间的权利、责任、利益关系。

表1　不同时期资本主义企业的产权结构

	产权结构的内容	产权结构的特征
工场 手工业时期	资本家以自有资本进行生产经营活动；资本来源于资本家个人或家族内部成员；资本额较少、企业规模小	企业投资者和所有权主体单一，工场主是投资者兼经营管理者，所有权与经营权统一。内部治理结构简单，没有复杂的管理机构
第一次 工业革命时期	企业内部管理需要以科学知识、技术为基础的分工管理，专职管理人员出现	所有权与经营权开始分离，内部治理结构趋于复杂化，管理机构数量增加、管理职能开始分化
第二次 工业革命时期	企业的财产组织和管理形式由个别资本演化成了社会资本	所有权主体多元化，所有权与经营权分离，职业经理人行使公司资产的经营权。企业内部治理结构规范，各部门权、责、利明确并相互制衡

资料来源：吴宣恭，等．产权理论比较：马克思主义与西方现代产权学派 [M]. 北京：经济科学出版社，2000：166—167.

可以看出，马克思主义产权理论以历史唯物主义方法研究财产的所有权关系，即契约形式的法权关系，强调产权安排的公平性。马克思主义产权理论关于国家通过法律手段对产权进行界定和保护、分析资本主义企业的产权

① 马克思，恩格斯．马克思恩格斯全集（第23卷）[M]. 中央编译局，译．北京：人民出版社，1972：493.

结构和产权关系等方面的观点，为民办高校产权管理提供了基本分析思路。

第二节　西方现代产权理论

西方现代产权理论主要包括科斯的产权理论、制度变迁理论和企业产权结构理论等。科斯（Ronald H.Coase）以美国为代表的股份制公司为主要研究对象，通过实证研究企业组织的兴起和市场运行机制，提出了交易成本的概念，阐述了产权界定与交易成本和法律之间的内在联系；以诺思（Douglass C.North）为代表的制度变迁理论探讨了产权与国家和意识形态之间的相互关系，强调了国家和意识形态对产权的影响作用；以钱德勒（Alfred D.Chandler）、威廉姆森（Oliver E.Williamson）等为代表的企业产权结构理论分析了企业的投资者、所有者与经营者的权利配置，以及产权结构和委托—代理关系。

一、科斯的产权理论

科斯认为，根据产权主体的不同，产权界定主要有企业界定、市场交易界定和政府界定等三种方式。企业界定即企业内部生产要素之间进行明确的产权配置，市场交易界定是运用价格机制配置资源的组织形式，政府界定是调整产权权利关系的法律手段。产权的初始界定限于企业进行权利转让和市场交易。当市场交易成本较高时，客观上需要政府运用法律手段进行产权界定，这种方式直接影响着经济行为。需要指出的是，最大限度降低交易成本的产权安排，就是产权的最佳界定。

交易成本与产权主体对经济资源权利的界定、行使、交易和保护，以及产权制度的运行具有内在联系。“交易成本包括度量、界定和保障产权的费用，发现交易对象和交易价格的费用，计价还价的费用，订立交易合同的费用，执行交易的费用，维护交易秩序的费用等等。”① 科斯认为，交易是权利的让渡，交易成本是市场和企业的运行成本。建立企业并且能够获得利润的主要原因，是运用价格机制减少企业运营成本，而企业规模的变化取决于组织成本和价格机制的使用成本两者的相互作用②。在企业与市场的相互关系中，企业产权界定清晰，能够降低交易成本，提高经济效益。影响交易成本变化的因素包括交易主体的主观态度、不同主体间的差异性，以及交易的技术手段等。“根据不同的治理结构（即治理能力及有关成本的不同）来选择不同的（即具有不同属性的）交易方式，可以节省交易成本。”③ 然而，需要指出的是，“不管私人成本、私人收益与社会成本、社会收益之间存在哪些区别，如果要解决它们之间的矛盾，还是应该把社会成本、社会收益放在第一位”④。

法律体系影响经济体系的运行。没有适当的产权制度安排，不利于市场经济的完善稳定和持续发展。科斯认为，存在交易成本的情况下，法律权利的初始界定会对经济制度运行的效率和效果产生影响⑤。如果法律确定的初始权利配置能够降低通过市场进行权利调整的费用，或者市场交易成本远高于通过法律进行权利安排的成本，就表明法律对经济运行具有积极的影响。显然，这种方式是合理的，可以节约调整的交易费用。因而，从优化资源配置的角度看，法律制度对产权初始安排的选择具有重要影响，相对较低的交易成本成为产权分配方式首要的选择标准。

---

① 刘伟，李风圣．产权通论 [M]. 北京：北京出版社，1997：44.

② COASE R H.The nature of the firm[J].Economica,1937,4（16）:390，397.

③ 奥利弗 E. 威廉姆森．资本主义经济制度：论企业签约与市场签约 [M]. 段毅才，王伟，译．北京：商务印书馆，2002:30-31.

④ 奥利弗 E. 威廉姆森．资本主义经济制度：论企业签约与市场签约 [M]. 段毅才，王伟，译．北京：商务印书馆，2002:38.

⑤ COASE R H.The problem of social cost[J].Journal of Law and Economics,1960,3（1）:16.

二、制度变迁理论

制度变迁理论侧重分析产权与国家和意识形态的关系，研究经济发展中制度的结构和变迁。该理论认为产权的界定、变更与维护，以及产权制度的安排和变革，均与法律紧密相连。产权与法律的这种相关性，凸显了国家和意识形态的重要作用。

一方面，国家对产权结构的形成有重要影响。国家能通过立法机关和执法机构界定和实施一套符合自身利益的产权，而产权的激励和约束功能又促使国家采取相同的手段对产权进行确认和保护。产权制度的变迁以及产权制度的顺利实施，取决于不同产权主体之间的利益博弈。

另一方面，不同阶层和利益集团的意识形态不同，对产权制度的理解存在差异。观念态度转化成行为的价值体系是造成这种差异的重要原因。诺思认为，意识形态的影响力取决于灵活多变的适应能力，既能保持现有利益团体成员的忠诚度，又能增强新成员加入的吸引力，而不是简单地考虑个人得失。“在社会成员相信这个制度是公平的时候，由于个人不违反规则和不侵犯产权，……规则和产权的执行费用就会大量减少。”[①]

可以看出，由国家界定和保护产权而制定的产权制度需要发挥意识形态的作用，得到不同阶层和利益集团的理解和支持。这意味着，仅依靠国家的强制手段和单一的成本——收益原则的考量，产权制度的实施很难得到有效保障。因此，需要从历史、文化、民族特性等多方面综合考虑。

三、企业产权结构理论

企业产权结构理论将企业内部的激励机制同产权结合在一起，用产权结构的变化来解释企业目标和企业行为的变化，认为不同类型的企业制度具有

---

① 道格拉斯·诺思．经济史中的结构与变迁[M]．陈郁，罗华平，等，译．上海：三联书店上海分店，1991：59.

不同的产权结构特征（见表 2）。相对于业主制和合伙制企业，股份制企业筹集资金能力强，能够维护所有者的利益，降低企业的经营风险、债务风险和监督成本，制约经营管理者可能出现的偏离所有者利润最大化目标的行为。

表 2　不同类型企业的产权结构

	产权结构的内容	产权结构的特征
业主制企业	企业主拥有全部产权，包括剩余索取权、监督权和经营决策权。鉴于个人财力有限，难以筹集更多资金，企业发展受限	企业财产的所有者享有剩余索取权，决定资源的使用并对生产拥有资源决策权。其他要素所有者以合约形式受雇于企业所有者，受其监督
合伙制企业	两个及以上的合伙人共同投资、监管和管理企业，需要就共同履行监督职能和分享剩余等方面达成协议	每个合伙人可独立决策，但责任由合伙人共同承担；每个合伙人的产权无法自由转让或出售；合伙人的行为不易观察，存在道德风险问题
股份制企业	股东出资形成企业资本，董事会行使对企业资产的支配权，聘任经理人员管理企业的日常经营活动	股份公司是依法成立的独立的法人，股份自由转让，股东承担有限责任；剩余索取权（所有者）与经营决策权（董事会）相分离；剩余索取权与监督权相分离，职业经理阶层形成

资料来源：吴宣恭，等 . 产权理论比较：马克思主义与西方现代产权学派 [M]. 北京：经济科学出版社，2000：170—171.

现代公司的产权结构经历了从 H 型（Holding Company）、U 型（Unitary Structure）到 M 型（Multidivisional Structure）的发展。钱德勒指出，企业规模不断扩大和公司股权高度分散等因素促使职业经理人产生。随后，资本所有者引入专职经理进入企业从事管理工作，由此形成了现代公司的基本特征——所有权与经营权的分离。威廉姆森认为，与控股式结构的 H 型公司和垂直集权式结构的 U 型公司比较而言，事业部分权式结构的 M 型公司决策与行政管理职能分离，公司总部掌握战略规划、长远发展、财务管理的重大决策权，各分部发挥专职经理的积极性，因而更能够适应公司多样化发展需要。他指出，从组织决策方式看，这种日常经营活动与发展战略决策的分离，后来逐渐演化成为所有权与经营权的分离。① 此外，现代公司（尤其是股份制公司）所有权与经营权的分离，形成了所有者和经营者之间的委托—代理关系。所有者将所有权委托给董事会，形成所有权代理。董事会通过契约将经营权委托给职业经理，形成经营权代理。委托人为减少代理成本对代理人采取激励措施。同时，为防止经营者可能出现的侵害所有者权益的现象，必须对经理层进行监督和约束。

可以看出，西方现代产权理论采用实证分析方法研究产权安排对不同产权主体的利益影响以及产权结构的演变，注重产权制度与资源配置效率的关系。西方现代产权理论关于所有者和经理之间权利、责任、利益关系，以及现代公司组织结构中的委托—代理关系等方面的论述，为民办高校产权管理进行界定、配置、监管和运作提供了有益借鉴。

第三节　利益相关者理论

“利益相关者”（stakeholder）一词是对“股东”（shareholder）这一概念的泛化，指与企业组织有密切关系的群体。作为一个明确的理论术语，它“首创于 1963 年斯坦福研究院的一份内部备忘录中，指的是‘特定团体，即没有它们的支持，组织将不复存在’。利益相关者最初包括股东、雇员、顾客、供应商、贷款人和社团”②。利益相关者理论侧重分析公司治理中的委

① 吴宣恭，等．产权理论比较：马克思主义与西方现代产权学派 [M]. 北京：经济科学出版社，2000：177.

② FREEMAN R E,REED D L.Stockholders and stakeholders:A new perspective on corporate governance[J].California Management Review,1983,25 (3) :89.

托—代理关系。

一、利益相关者理论的基本内容

利益相关者实现机制的核心，包括设定利益相关者的边界和协调利益相关者相互关系两个方面。前者解决的是“谁是利益相关者，相应拥有的权利和责任是什么”的问题，后者需要处理“各利益相关者之间权利和责任相冲突时如何解决”的问题。在多元利益相关者共同治理模式下，出资人拥有所投资产的所有权，债权人拥有对公司的债权。董事会受股东大会的委托，负责公司事务的重大决策，管理公司的法人财产，负责招聘和任命职业经理。经理按照董事会的要求，以股东利益最大化为目标，进行日常生产经营管理，负责公司内部事务，具有经营管理权。监事会代表出资人监督董事会和管理层的行为，能够有效避免发生个人决策、集体负责的现象（见表 3）。

表 3　公司利益相关者的产权结构

	产权结构的特征
近代股份公司 （19 世纪末 20 世纪初之前）	所有者掌握重大经营决策权。股东结构以自然人股东为主，大股东多数是私人资本家；股东通过股东大会影响会议的决议和经营决策；董事会完全或基本上由大股东组成，股东凭借股权进入董事会或经理层，直接成为经营决策者，掌握经营权
现代股份公司 （19 世纪末 20 世纪初以来）	所有权与经营权的分离更彻底。股东结构以法人股东为大股东；委托代理人作为法人代表进入董事会，非股东的董事出现；经理职业化，经营管理权完全转移到了职业经理手中，股东参与董事会兼任总经理等现象减少；强化公司财务监督和各岗位竞争、制衡机制

资料来源：黄少安．产权经济学导论 [M]. 北京：经济科学出版社，2004：235，237，238，245.

二、利益相关者的界定

利益相关者分类中最常用的分析工具是“多维细分法”，即从多个维度对企业的利益相关者进行分类，研究不同类型利益相关者之间的联系和区别。

弗里曼、波斯特、威勒、米切尔等学者对利益相关者的界定展开了相应研究，完善了利益相关者理论的分析框架。

弗里曼指出，斯坦福研究院的原始定义过于笼统，以至于无法将其作为一种识别工具或分析手段，用于分析和解释那些具有重要战略意义的外部团体。因此，“利益相关者”逐渐拓展为更具明确性的定义。广义的利益相关者是指那些能够影响组织目标的实现或受到组织目标实现影响的团体或个人。例如，公益团体、政府机构、商业团体、竞争者、工会等。狭义的利益相关者是指组织必须依靠其才能保持存在的团体或个人。例如，雇员、顾客、供应商、关键的政府机构、股东、金融机构等①。从企业战略角度讲，需用广义的概念来理解“利益相关者”。进而，弗里曼根据这些利益相关者之间相对的合作潜力和竞争威胁程度，将上述利益相关者分为摇摆性利益相关者、防御性利益相关者、攻击性利益相关者和牵制性利益相关者四类（见图 1）。他认为，对于管理者而言，利益相关者这一概念通常意义上是指与股东关系密切的诸如雇员、经理、供应商、顾客和公众等②。因此，从管理角度来看，管理者（尤其是经理）既要理解不同类型利益相关者所提出的问题和采取的策略，又要充分考虑这些利益相关者的利益，懂得如何制定、执行和监督能够影响他们行为的策略，从而提高管理的有效性③。

① FREEMAN R E,REED D L.Stockholders and stakeholders:A new perspective on corporate governance[J].California Management Review,1983,25（3）:91.

② FREEMAN R E.Strategic management:A stakeholder approach[M].UK:Cambridge University Press,2010:35.

③ R.爱德华·弗里曼．战略管理：利益相关者方法[M].王彦华，梁豪，译．上海：上海译文出版社，2006：31-32.

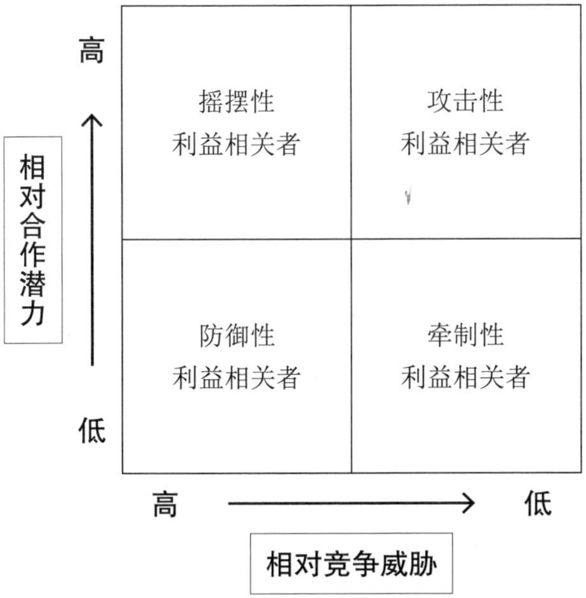

图 1　弗里曼的利益相关者分类图

资料来源：弗里曼．战略管理：利益相关者方法［M］．王彦华，梁豪，译．上海：上海译文出版社，2006：171.

波斯特等人认为，利益相关者是指："受到一个组织的决定、政策和运作的影响或者能够影响这一组织的所有团体。对公司管理来说，必须考虑利益相关者的数量和分类，但情况非常复杂。"① 因此，需要以相互依赖的系统视角，从宏观、中观和微观三个层次分析"企业—政府—社会"的相互关系，社会在宏观层次上主要受到来自国家的经济、政治、文化等方面的影响，企业在中观层次上主要受到来自社会的文化力量和政治力量等因素的影响，而企业管理在微观层次上主要与公司、特定政府机构、利益相关者产生联系②。进而，波斯特等人以企业与社会的关系、企业与社会的作用媒介（市场）的

① POST J E,FREDERICK W C,LAWRENCE A T,WEBER J.Business and society:Corporate strategy,public policy,ethics（8th ed.）[M].New York:McGraw-Hill,1996:8.

② POST J E,FREDERICK W C,LAWRENCE A T,WEBER J.Business and society:Corporate strategy,public policy,ethics（8th ed.）[M].New York:McGraw-Hill,1996:6.

关系为界定标准，把企业的利益相关者分为主要利益相关者和次要利益相关者两类（见图 2）。企业的主要利益相关者是指在市场买卖过程中，以向社会提供商品和服务为主要目的、以市场为导向的投资者（股东和债权人）、雇员、供应商、顾客等。企业的次要利益相关者是指在社会性活动等非市场过程中，直接或间接地受到公司主要利益相关者行为影响的社会团体[①]。

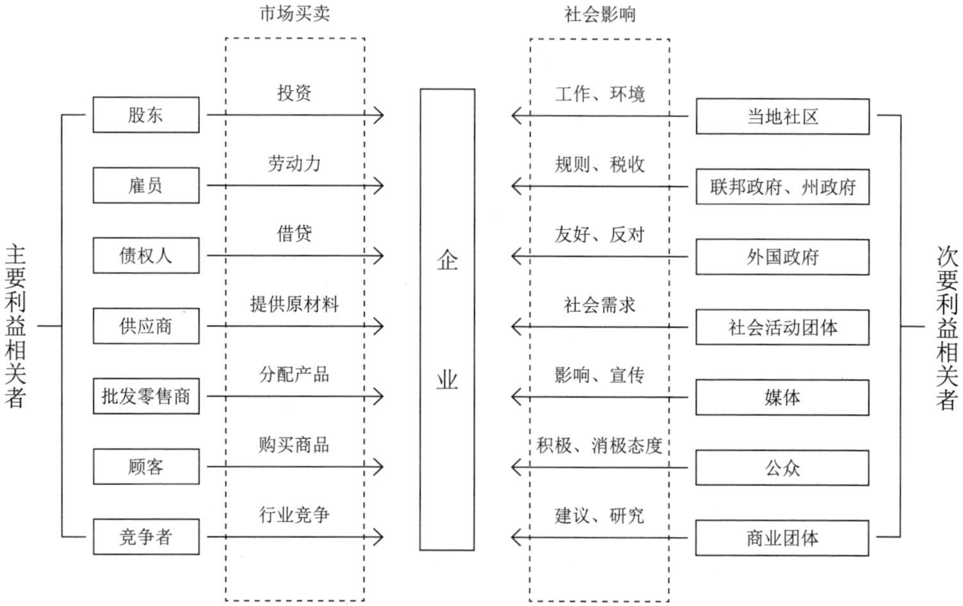

图 2　波斯特的利益相关者分类图

资料来源：POST J E，FREDERICK W C，LAWRENCE A T，WEBER，J.Business and society:Corporate strategy，public policy，ethics（8th ed.）［M］.NewYork:McGraw-Hill，1996:11-13.

威勒等人认为，利益相关者是与组织或个人产生相互作用和影响的任何个体或实体。威勒等人从人际关系这一社会性角度，将利益相关者分为通过人际关系与企业发生联系的社会性利益相关者、不通过人际关系与企业发生

① POST J E,FREDERICK W C,LAWRENCE A T,WEBER J.Business and society:Corporate strategy,public policy,ethics [M].8th ed.New York:McGraw-Hill,1996:11.

联系的非社会性利益相关者两大类型。[①]进而，根据利益相关者与企业之间关系的影响程度，即直接性和间接性，将这两类利益相关者细分为主要社会性利益相关者（客户、投资者、员工和管理人员、供应商和业务伙伴等）、次要社会性利益相关者（政府、媒体、贸易机构、竞争对手等），主要非社会性利益相关者（自然环境、非人类物种等）和次要非社会性利益相关者（环境压力集团、动物福利压力集团等）（见图3）[②]。

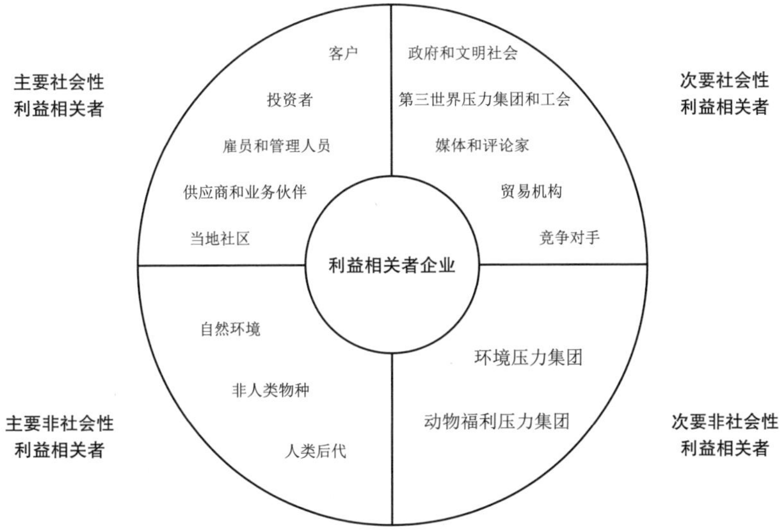

图3　威勒的利益相关者分类图

资料来源：WHEELER D，SILLANPAA M.Including the stakeholders:The business case［J］.Long Range Planning，1998，31（2）:206.

米切尔等人根据权力性、合法性、紧迫性三个属性，将企业的利益相关者划分为仅具备三个属性之一的潜在型利益相关者、具备三个属性中两项的预期型利益相关者以及拥有全部三个属性的确定型利益相关者等三大类型

① WHEELER D,SILLANPAA M.Including the stakeholders:The business case[J].Long Range Planning,1998,31（2）:205.

② WHEELER D,SILLANPAA M.Including the stakeholders:The business case[J].Long Range Planning,1998,31（2）:206.

（见图 4）。米切尔等人认为，权力性是指利益相关者能够凭借拥有的控制力而得到他们期望的结果。合法性是指利益相关者行为的本质是恰当的，符合社会规范、价值观、信念等建构体系。紧迫性是指由利益相关者相互关系的时间敏感性和重要性而决定其需要受到关注的程度[①]。由此，潜在型利益相关者可细分为具备权力性的静态型利益相关者、具备合法性的自主型利益相关者以及具备紧迫性的苛求型利益相关者。而预期型利益相关者则包括具备合法性和权力性的支配型利益相关者、具备合法性和紧迫性的依赖型利益相关者以及具备紧迫性和权力性的危险型利益相关者[②]。

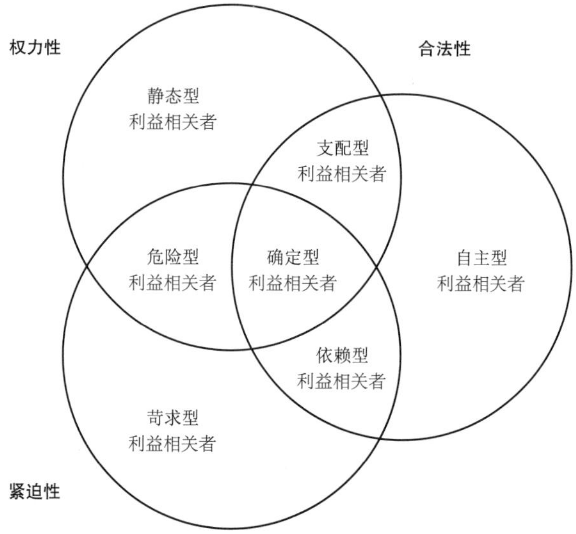

图 4　米切尔的利益相关者分类图

资料来源：MITCHELL R K，AGLE B R，& WOOD D J.Toward a theory of stakeholder identification and salience:Defining the principle of who and what really counts［J］.The Academy of Management Review，1997，22（4）:874.

① MITCHELL R K,AGLE B R,& WOOD D J.Toward a theory of stakeholder identification and salience:Defining the principle of who and what really counts[J].The Academy of Management Review,1997,22（4）:865-867.

② MITCHELL R K,AGLE B R,& WOOD D J.Toward a theory of stakeholder identification and salience:Defining the principle of who and what really counts[J].The Academy of Management Review,1997,22（4）:874-877.

利益相关者理论为民办高校产权管理提供了视角支撑。具体来说，民办高校产权利益相关者包括内部和外部两个层次。从内部来说，民办高校产权的利益相关者包括民办高校法人、举办者（出资人）、校长、教职工等，体现的是民办高校中不同利益相关者在决策权和管理权上的权利安排和相互关系。从外部来看，民办高校产权的利益相关者包括政府、教育行政部门、银行等金融机构以及社会组织等，表现为民办高校发展过程中肩负的社会责任和公共利益，以及学校外部机构对民办高校产权的监管。分析民办高校内部管理中不同利益相关者之间的产权关系，把握利益相关者关系的多元平衡，可通过产权制度安排确保各产权主体参与治理的机会，并监督和制衡各产权主体的行为。

第四节　民办高校产权管理的分析理路

一、民办高校产权的基本内涵

“从产权的生成和发展看，产权首先表现为经济关系，之后人们逐渐达成共同遵守的规则，当国家出现后就把这些规则上升为法律。”①一方面，经济学中的产权包括占有权、使用权、收益权和处分权，强调不同权利之间的约束作用以及不同权利主体间的相互关系。例如，有学者认为：“拥有一项资产通常包括以下权利：使用这项资产，改变它的形式和本质，通过出售而转移所有权利。占有一项资产并非不受约束，因为私人的契约或法律一般会施加某些限制。”②有学者指出：“产权是一种通过社会强制而实现的对某种经济

① 潘懋元．我国高校产权制度改革的若干问题：兼论公、民办高校产权问题[J]．教育发展研究，2005（14）：20.

② 皮尔斯．现代经济学词典[M]．宋承先，等，译．上海：上海译文出版社，1988：490-491.

物品的多种用途进行选择的权利。”[①] 另一方面，法学中的产权主要指财产所有权，包括大陆法系的物权和债权，以及英美法系的有形资产和无形资产，侧重对财产权利关系的认可、保护和调整。例如，有学者指出：“财产权是指存在于任何客体之中或之上的完全的权利，包括占有权、使用权、出借权、转让权、用尽权、消费权和有关财产的其他权利。财产权最好不要被认为是单一的权利，而应当被认为是许多不同权利的集合，其中的一些甚至多种权利可在不丧失所有权的条件下暂时让出。”[②]

一般地，从资产和权益两方面来分析产权。一方面，根据产权所涵盖的范围和内容来分析产权，即产权的主客体论。产权主体是指与财产相关的担当者，包括自然人、法人和国家等人力资本。其中，自然人是指单个自然人和家族两类，体现的是自然人产权；法人包括公益法人和营利法人，体现的是法人产权；国家指中央政府和各级地方政府，体现的是国家产权。产权客体是指具有价值并能被主体拥有和使用的对象，包括有形资产和无形资产两类物力资本。其中，有形资产是指资金、实物、土地等，体现的是物权。无形资产是指股票、债务、专利、商标、著作、品牌和信誉等，体现的是股权、债权、知识产权。另一方面，根据产权承担的功能和作用来界定产权，即产权的体系论。权益包括权利及其带来的利益，利益是权利在经济上的实现形式。权利是获得利益的手段，表明“产权主体能够做什么”，而利益是权利的目的，表明“产权主体能够得到什么”。产权在英文中为“property rights”，表明产权是一个多种权利的组合。广义的产权拥有资产的全部权利，包括所有权、占有权、支配权和使用权等四项基本权利，可以根据权利主体的需要进行重新划分或分解，而狭义的产权是指对资产的所有权。可以说，产权权益体现了主体围绕客体所形成的权利、责任、利益关系。

---

① 伊特韦尔.新帕尔格雷夫经济学大辞典（第三卷 K-P）[M].陈岱孙，译.北京：经济科学出版社，1992：1101.

② 沃克.牛津法律大辞典[M].李双元，等，译.北京：法律出版社，2003：913-914.

不难看出，产权是“个人和组织的一组受保护的权利，它们使所有者能通过收购、使用、抵押和转让资产的方式持有或处置某些资产，并占有在这些资产的运用中所产生的效益”[①]。“人与物的关系是产权由此产生的直接现象性原因，人与人的关系是产权的本质。”[②]因此，结合经济学和法学的观点，根据我国民办教育发展的实际情况，本研究认为，民办高校产权是指民办高校的学校法人、举办者（出资人）、政府和教育行政部门以及其他相关产权主体，通过资金、实物、土地、股权、债权、知识产权、学校声誉等有形资产和无形资产反映出的产权关系，表现为由所有权、收益权、控制权、处置权等四项基本权益及其派生权益组成的权益组合。其中，所有权是指民办高校资产归谁所有和支配，包括产权主体明晰和资产归属明确，体现的是产权的明确性；收益权是民办高校所有者对资本的使用增值后获取合理收益的权利，体现的是产权的收益性；控制权包括产权主体在学校内部管理中的权利地位和学校外部环境对产权主体的监督约束，体现的是产权的约束性；处置权是指产权主体改变学校资产形态、使用方式和产权关系的权利，体现的是产权的可转让性。

二、民办高校产权管理的四个维度

根据对民办高校产权的界定，基于马克思主义产权理论，结合西方现代产权理论和利益相关者理论等理论观点，本书认为，民办高校产权管理是指对民办高校法人、举办者（出资人）、校长、政府和教育行政部门以及其他相关产权主体所拥有的各项权益进行界定、配置、监管、运作，协调民办高校利益相关者之间产权关系的一系列管理行为的统称。其中，产权界定是民办高校产权管理的基础，包括掌握资产使用和最终归属，以及获得资产收益

---

① 柯武刚，史漫飞．制度经济学：社会秩序与公共政策[M]．韩朝华，译．北京：商务印书馆，2000：212．

② 吴易风，关雪凌，等．产权理论与实践[M]．北京：中国人民大学出版社，2010：285．

和合理回报的权益；产权配置是民办高校产权管理的核心，规范所有者、决策者和管理者之间的权利、责任、利益，产权监管是民办高校产权管理的手段，指学校外部利益相关者对资产财务和会计制度等方面的监督和管理；产权运作是民办高校产权管理的保障，是学校资产所有者对其拥有的资产的所有权、收益权、控制权等权益与其他产权主体进行全部或部分的转让和让渡。因此，可从产权界定、产权配置、产权监管和产权运作等四个维度来把握民办高校产权管理的分析理路。

民办高校产权界定是指依法对民办高校资产的所有权、收益权以及其他相关权益的归属进行认定和划分，明确各类产权主体行使权利的范围和限度，掌握民办高校资产使用和最终归属，获得资产收益和合理回报的权益。民办高校产权界定的本质是确认民办高校法人以及举办者（出资人）等产权主体拥有资产的归属和分配各项权益，具体包括初始出资和追加投资的数额、有形资产和无形资产的比例，设定学校发展过程中形成的办学积累和增值资产的分配规则等方面。这意味着必须保证产权排他性和流动性相统一、产权主体拥有的权利和责任相对称，确保产权界定清晰，尽可能减少或避免由产权模糊和产权纠纷产生的成本和代价，奠定科学管理的基础。

民办高校产权配置是不同产权主体的资产权益在学校内部治理中的反映，表现为民办高校所有者（捐资人或出资人）、决策者（董事会或理事会）、管理者（校长等行政管理层）对学校资产财务等重大事务的决策权和管理权的权力制衡。民办高校产权配置本质上是内部控制权的分配，即规范所有者、决策者和管理者之间的权利、责任、利益。因此，产权的合理配置，促使委托—代理关系下学校所有者的控制权分解为决策权和管理权。决策权表现为捐资人或出资人通过契约将所有权委托给民办高校董事会或理事会，董事会或理事会掌握对重大投资等战略决策、学校资产和法人财产权的控制。管理权则是校长在董事会或理事会的领导下，行使教育教学和行政管理职权。可以说，合理的产权配置能使民办高校内部利益相关者的权益各得其所，有助于优化委托—代理关系下学校的内部控制权结构，是产权管理的核心。换言之，优化民办高校内部治理结构，关键在于将所有权与控制权分离，切实做到产权利益相关者之间权利、责任、利益相统一，构建长期合作和共同治理的理想格局。

民办高校产权监管主要指政府、教育行政部门和社会组织等外部利益相关者对学校资产财务和会计制度等方面的监督和管理。民办高校产权监管的本质是外部控制权的反映，即通过民办高校外部利益相关者对学校产权结构、产权关系和产权制度的监管，确保民办高校法人财产权不受侵害，保护各产权主体的合法权益，改进学校资产财务使用和管理水平，提高学校办学质量，降低办学风险，保持民办高校平稳有序发展，特别强调外部利益相关者对学校资产财务行使监督权的效用。因此，政府和教育行政部门需在保护民办高校各利益相关者合法权益、规范学校财务制度和会计核算，以及完善相关法律法规等方面，发挥不可替代的重要作用。同时，社会组织在民办高校资产财务的使用、资产评估和信息披露方面，起到应有的监督作用。

民办高校产权运作是民办高校资产所有者将其拥有的资产和所有权、收益权、控制权等权益与其他产权主体进行全部或部分的转让和让渡。民办高校产权运作本质上是处置权的集中反映，涉及举办者或出资人的退出机制和债权债务处理方式、融资渠道和金融机构信贷措施，以及与产权运作相关的政策、法规、环境等因素。清晰的产权界定，明确的产权关系，以及有效的产权监管是民办高校产权运作的条件。同时，完善民办高校产权制度、健全财务审计和各类产权转让的程序、方法及其保护范围等政策法规体系，有助于加快资本要素的流动，推进产权流转顺畅有序，形成产权管理的有力保障。

因此，本书按照产权管理的分析框架，试从产权界定、产权配置、产权监管和产权运作等四个维度，对我国民办高校产权管理的现状、问题、成因、改进策略进行分析。

第二章

民办高校产权的阶段特征与管理现状

改革开放以来，我国民办高校经历了起步阶段、快速发展阶段和规范发展阶段。每一阶段呈现各不相同的产权特征。本章归纳了民办高校产权的阶段特征，分析了民办高校在学校资产、校舍、教育经费，以及相关法律政策、各地实践探索等情况；结合调查数据和民办高校举办者、行政管理者、党委书记以及教育行政部门民办教育负责人等群体的访谈结果，在分析产权管理法规政策导向的基础上，从产权界定、产权配置、产权监管和产权运作等方面，分析产权管理现存问题的形成原因，以及解决策略预期，共同构成产权管理的现实基础。

第一节　民办高校的发展阶段及其产权特征

我国民办高校[①]兴起于20世纪70年代末。其后，随着经济体制由计划经济体制向社会主义市场经济体制转变，国家开始鼓励民办教育的发展，民办高校进入快速发展阶段。进入21世纪，随着我国市场经济体制改革不断深入，国家逐步建立健全民办教育法律政策体系，规范和引导民办高校健康有序发展。与之相应，民办高校产权显现出明显的阶段性特征。

① 2002年12月第九届全国人民代表大会第三十一次会议通过，2013年、2016年、2018年三次修正的《民办教育促进法》第二条规定：该法适用于“国家机构以外的社会组织或者个人，利用非国家财政性经费，面向社会举办学校及其他教育机构的活动”。2004年3月国务院第399号公布，2021年4月国务院令第741号修订的《民办教育促进法实施条例》第二条规定：“国家机构以外的社会组织或者个人可以利用非国家财政性经费举办各级各类民办学校。”依据《民办教育促进法》及其实施条例对民办学校的界定，本书中的民办高校，是指由国家机构以外的社会组织或个人，利用非国家财政性经费，面向社会举办，实施普通高等学历教育的高等学校，具体指实施本科层次和专科层次学历教育的高等学校，即民办本科高校、民办专科高校（含民办高等职业学校），不包含独立学院、中外合作办学和教育培训机构。

一、起步阶段及其产权特征

（一）起步阶段（1978—1991 年）

1982 年，改革开放后我国第一所民办高校——中华社会大学在北京成立。这是由全国科学社会主义学会（筹委会）和北京科学社会主义学会举办的第一所集体所有制的开放性大学。2002 年，该校更名为北京经贸职业学院。1984 年，海淀走读大学和黄河科技学院先后成立。前者是我国第一所国家承认学历的实行“民办公助”体制的民办高校[①]，2003 年升格成本科院校并更名为北京城市学院。后者经国家教委（教育部）批准，分别于 1994 年和 2000 年实施专科学历教育和本科学历教育。

1982 年，第五届全国人民代表大会第五次会议通过的《中华人民共和国宪法》（以下简称《宪法》）规定：“国家鼓励集体经济组织、国家企业事业组织和其他社会力量依照法律规定举办各种教育事业。”这表明，国家正式从《宪法》这一根本大法上对社会力量办学给予合法地位，将民办教育作为我国教育事业的组成部分，为此后民办高校的发展奠定了法律基础。

1984 年，中共十二届三中全会通过的《中共中央关于经济体制改革的决定》提出，增强企业活力，扩大企业自主权，认为个体经济“是社会主义经济必要的有益的补充”。坚持多种经济形式和经营方式的共同发展，“是我们长期的方针”，有利于巩固和发展我国的社会主义经济制度。于是，按照中央的部署，1985 年改革开放后第一次全国教育工作会议召开。会后，由中共中央政治局颁布的引领中国教育发展的纲领性文件——《中共中央关于教育体制改革的决定》强调，改革教育管理体制，扩大高校办学自主权，指出：“地方要鼓励和指导国营企业、社会团体和个人办学，并在自愿的基础上，鼓励单位、集体和个人捐资助学，但不得强迫摊派。”随后，“教育改革随着经济改革的步伐，犹如春潮涌动，呈现出空前强劲的发展态势。”

① 王永均．海淀走读大学的发展历程及其办学新路 [J]. 海淀走读大学学报，2004（1）：93.

1987年，国家教委颁发了《关于社会力量办学的若干暂行规定》，对社会力量办学定位、经费筹集和财务管理进行了明确规定："社会力量办学是我国教育事业的组成部分，是国家办学的补充。""社会力量办学的经费自行筹集。""社会力量举办学校的全部收入以及固定资产，归学校所有。学校须建立健全财务管理制度……接受财政、银行、审计、教育等有关部门的监督和检查。"同年，国家教委和财政部联合颁发了《社会力量办学财务管理暂行规定》，对社会力量办学经费使用、日常财务管理、学校停办后相关财务和债权债务处理原则等进行了较为全面的规定，指出："社会力量举办的学校应当本着统一领导、分级负责、独立核算、量入为出、略有结余的原则，按照国家事业单位的会计制度和有关财务管理办法，在银行开立账户后，办理财务收支，进行会计核算。"自此，"社会力量办学就被纳入了国家正规管理体系，我国的民办教育进入稳步发展的历史新阶段"①。

（二）起步阶段的产权特征

在起步阶段，民办高校产权特征主要表现为家族式一元制产权管理、产权界定不明晰、社会力量捐赠是重要补充等三个方面。

首先，大部分民办高校初始资金主要来源于个人（多人联合、借贷）或家庭资金积累，家族实质上掌握学校资产的使用权和控制权。在民办高校建立初期，"缺乏巨额资金投入，又无现成政策可循，发展更多是依靠举办者的个人勇气和冒险精神，许多今天看来习以为常的行为在当时都属于典型的个人创新行为"②。例如，1987年，吴庆星及其家族独资创办仰恩基金会并投资创建仰恩大学。这是全国第一所具有颁发国家本科学历证书和授予学士学位资格的私立大学。

其次，这一时期很多学校没有自己的师资、校舍和办学发展资金，主要

① 刘文珠．民办教育步入稳步发展新阶段[N]．中国教育报，2009-09-06（1）．

② 冯淑娟，徐绪卿．关于我国民办高校家族化管理的若干思考[J]．教育发展研究，2009（12）：41．

依靠收取学费并辅以少量投资进行长期积累、滚动发展，学校产权主体和资产归属并不明晰。“民办高校产权没有得到初始界定，民办高校的整体产权属性在公益性与营利性之间徘徊。”[①] 在当时的政策环境下，部分民办高校大多是采取挂靠方式，回避政策上的障碍。举办者并未意识到将学校产权清晰到自然人，导致学校法人产权的完整性难以得到保障。

最后，除了自筹资金以外，社会捐赠是民办高校发展初期办学经费的重要补充。例如，在浙江树人学院最初发展的十多年间里，个人和社会组织的捐赠对学校的办学发展起到了重要作用。据统计，1986 年，学校收到省政协常委金志朗和社会组织的办学经费捐助共计 4.6 万元。1987 年，学校用香港同胞捐赠之款建设教学和办公用房，总投资 4000 万元。1990 年，学校名誉董事长查济民捐赠 100 万元美金以及 60 万元人民币，用于学校土地和用房建设。此后，他再次捐款 60 万元，帮助学校解决基建经费中的部分欠款。1991 年，加拿大伯明翰茶叶公司总经理沈墨扬和学校董事会副董事长贺田分别捐资 15 万港币和 1 万元人民币，用于增加外语视听教学设备和图书馆新书及设备。1994 年，浙江省国际信托投资公司捐赠办学基金 19 余万元[②]。

二、快速发展阶段及其产权特征

（一）快速发展阶段（1992—2001 年）

1992 年，以邓小平南方谈话为契机，经济社会改革逐渐深化，民办高等教育迅速发展。党的十四大报告指出，鼓励多渠道、多形式社会集资办学和民间办学，改变国家包办教育的做法。1993 年，国务院在批转国家教委《关于加快改革和积极发展普通高等教育的意见》中指出，积极鼓励和支持社会力量兴办民办高等学校，尽快制定民办普通高等学校有关条例，加强引导和

① 阙海宝，张海东．民办高校产权的法律保护 [J]. 教育探索，2006,（12）：23.

② 徐绪卿．树人大学的筹资模式和启示 [J]. 黄河科技大学学报，2004,（6）：14.

管理。随后，中共中央、国务院颁布的 20 世纪 90 年代教育发展的纲领性文件——《中国教育改革和发展纲要》中提出："改变政府包揽办学的格局，逐步建立以政府办学为主体、社会各界共同办学的体制。""高等教育要逐步形成以中央、省（自治区、直辖市）两级政府办学为主、社会各界参与办学的新格局。""国家对社会团体和公民个人依法办学，采取积极鼓励、大力支持、正确引导、加强管理的方针。"1993 年，国家教委发布的《民办高等学校设置暂行规定》指出："民办高等学校不得以营利为办学宗旨。其财产归学校所有，任何单位和个人不得侵占；其收入应主要用于改善办学条件和学校的进一步发展。"接着，党的十四届三中全会通过的《中共中央关于建立社会主义市场经济体制若干问题的决定》对民办教育的发展与改革产生了重要影响，指出："坚持以公有制为主体、多种经济成分共同发展的方针。在积极促进国有经济和集体经济发展的同时，鼓励个体、私营、外资经济发展，并依法加强管理。"

1995 年，西京学院成立，2005 年转为本科院校。1997 年，由湖南猎鹰实业有限公司投资兴建的湖南涉外经济学院成立，2000 年成为民办普通高等专科学校，2005 年升格为本科院校。1998 年，山东英才学院创办，2002 年成为高职院校，2008 年升为本科院校。

1997 年，国务院颁布了第一部民办教育行政法规——《社会力量办学条例》，强调了对社会力量办学的"十六字"指导方针，明确了董事会的人员构成及其职权、校长的人选及其任职条件等内部管理规章，规定了民办学校的非营利性，指出："教育机构的积累只能用于增加教育投入和改善办学条件，不得用于分配，不得用于校外投资。"

1998 年，第九届全国人民代表大会常务委员会第四次会议通过的《高等教育法》规定："国家鼓励企业事业组织、社会团体及其他社会组织和公民等社会力量依法举办高等学校，参与和支持高等教育事业的改革和发展。"为落实这一政策，由教育部制定、国务院次年批转的《面向 21 世纪教育振兴行动计划》提出："制定有利于吸纳社会资金办教育和民办学校发展的优惠政策。……社会力量办学要纳入依法办学、依法管理的轨道。"1999年，《中共中央、国务院关于深化教育改革全面推进素质教育的决定》出台，要求加快开展民办教育立法工作，在遵守国家相关法律法规的前提下，可以尝试多种办学形式。"积极鼓励和支持社会力量以多种形式办学……形成以政府办学为主体、公办学校和民办学校共同发展的格局……经国家教育行政主管部门批准，可以举办民办普通高等学校。"这表明，民办教育首次正式从"国家办学的补充"定位提升至"与公办学校共同发展"的地位，此后一个时期，民办高校迅速发展，相关的政策法规开始逐步完善。

（二）快速发展阶段的产权特征

在快速发展阶段，民办高校产权特征主要表现为产权配置优化和融资渠道多元化。

一方面，随着民办高校资产规模的扩大，举办者的产权意识逐渐提高，开始对学校产权进行界定。同时，学校发展竞争的加剧促使举办者开始注重校长等行政管理层的人力资本在学校内部的安排，对有能力的管理者采取了激励措施。于是，民办高校的决策权和管理权开始分离，举办者对校长的管理能力也提出了更高的要求。例如，湖南涉外经济学院根据学校资产的产权归属，按照股东持股比例对学校发展过程中由办学积累形成的校产增值部分进行股权摊分，全部用于学校的持续发展而不能套现。学校终止清算后，股东不拥有这部分增值股权的最终所有权。此外，学校董事长不再兼任院长，聘请资深教育家担任院长。学校资产的所有权与管理权分离，形成了董事会以融资、基建和发展相关产业为工作重点的决策，校务会负责教学、人事、财务等方面的执行，监事会参与学校管理和监督的治理机制①。

① 李建军，许南，程毅．民办高校构建现代产权制度的实证分析：以湖南涉外经济学院为例 [J]．当代教育科学，2008（21）：46.

另一方面，除了收取学费、社会捐赠、投资等方式以外，民办高校开始获得银行贷款以解决办学经费问题。例如，山东英才学院于2000年从中国农业银行山东省分行银河支行获得400万元的贷款授信，这是济南市民办高校获得的第一笔银行贷款。

三、规范发展阶段及其产权特征

（一）规范发展阶段（2002年至今）

进入21世纪，随着我国社会主义市场经济体制改革不断深入，尤其是《中共中央关于完善社会主义市场经济体制若干问题的决定》中明确提出，依法保护各类产权，完善公司法人治理结构，“建立归属清晰、权责明确、保护严格、流转顺畅的现代产权制度”，国家陆续制定和出台一系列民办教育政策法律，来保障民办学校的稳定发展，民办高校产权就是重要内容之一。

2002年，第九届全国人民代表大会常务委员会第三十一次会议通过的《民办教育促进法》将民办教育的“十六字”方针正式列入法律条款中，对民办学校的资产与财务管理作了专章规定，允许“出资人可以从办学结余中取得合理回报”。对“合理回报”的认定，增强了社会力量投资民办高校的积极性。2004年，国务院第四十一次常务会议通过《民办教育促进法实施条例》，进一步细化了举办者的类别及其出资方式、资产和财务管理等产权相关规定，明确了出资人从办学结余中取得回报的比例确定原则，要求“举办者不得抽逃出资和挪用办学经费”。为贯彻落实《民办教育促进法》及其实施条例，2006年《国务院办公厅关于加强民办高校规范管理　引导民办高等教育健康发展的通知》指出“民办高校要落实法人财产权，出资人按时、足额履行出资义务，投入学校的资产要经注册会计师验资并过户到学校名下”。

2007年，《民办高等学校办学管理若干规定》指出：“民办高校对举办者投入学校的资产、国有资产、受赠的财产、办学积累依法享有法人财产权。”此外，省级教育行政部门对民办高校进行包括财务收支和法人财产权落实等内容的年度检查。同年，党的十七大报告提出：“毫不动摇地鼓励、支持、引导非公有制经济发展。……以现代产权制度为基础，发展混合所有制经济。”为落实十七大部署，办好人民满意的教育，教育部在2010年颁布了《国家中长期教育改革和发展规划纲要（2010—2020年）》，强调大力支持民办教育，“鼓励出资、捐资办学，促进社会力量以独立举办、共同举办等多种形式兴办教育。”2012年，《教育部关于鼓励和引导民间资金进入教育领域 促进民办教育健康发展的实施意见》提出：“拓宽民间资金进入教育领域，参与教育事业改革和发展的渠道。”“鼓励和引导民间资金进入学前教育和学历教育领域。……积极支持有特色、高水平、高质量民办高校发展。”

2013年、2016年和2018年，第十二届全国人民代表大会常务委员会第三次会议、第二十四次会议以及第十三届全国人民代表大会常务委员会第七次会议通过了相关决定，对《民办教育促进法》先后进行了三次修正。2017年，教育部与多部门联合印发了《民办学校分类登记实施细则》《营利性民办学校监督管理实施细则》等配套文件。2018年，司法部公布了《民办教育促进法实施条例（修订草案）（送审稿）》，在完善民办学校设立与审批制度、规范民办学校的内部治理和办学行为、维护举办者合法权益、健全监督管理机制等方面进行了调整。目前，我国初步构建了相对完整、相互衔接的民办学校分类管理改革制度和实施体系，为促进民办高校产权管理提供了法律保障。

（二）规范发展阶段的产权特征

在规范发展阶段，民办高校产权特征主要表现为主体多元化、管理体制规范化以及资产管理制度完备化等三个方面。

首先，民办高校办学主体在发展中逐渐多元化，学校资产规模逐渐扩大。例如，2004年由吉利集团、铭泰集团出资建设并于2012年成为民办本科院校的三亚学院，占地面积3000亩，建筑面积50多万平方米，建筑投资11亿元人民币。2005年，由南昌航天科技集团投资创办组建的南昌理工学院，占地面积 286.25 万平方米，建筑面积 98.41 万平方米，教学仪器设备总值 1.57 亿元。

其次，民办高校内部管理体制逐渐发展成理事会领导下的校长负责制、董事会领导下的校长负责制和基金会领导下的校长负责制三种类型。例如，西京学院实行理事会领导下的校长负责制。学院的理事会是最高权力机构，校务委员会受理事会领导，负责日常教育教学和行政事务管理。学校的行政管理层在校长的领导下，由行政副校长负责管理学校的行政机构，教学科研副校长负责管理学校的教学科研机构和教学辅助机构。浙江树人学院由省政协领导管理，实行董事会领导下的校长负责制。董事会成员包括出资单位代表、学校领导、校内外专家学者和优秀企业家代表及支持学校的社会人士等，董事长由省政协提名，董事会选举产生。董事会是学校最高权力机构，议决学校重大事项，筹措办学资金，审议通过学校行政年度工作报告、预算方案、决算方案，对学校重大项目财务开支进行监督和稽核等。浙江树人学院从 1985 年成立第一届董事会至今，共经历了七届。1985 年，浙江树人学院在第一届董事会上通过了董事会章程、学校章程、学校基金会章程。董事会成员包括董事长 1 人、荣誉董事长 2 人、常务董事 7 人，名誉董事 1 人。董事会聘任的校级领导包括荣誉校长和校长各 1 人，副校长 2 人。到 2010 年，浙江树人学院第七届董事会主要成员包括董事长和名誉董事长各 1 人、副董事长 2 人、董事 21 人。仰恩大学实行基金会领导下的校长负责制。仰恩基金会是学校的最高权力机构，校务委员会受基金会领导。学校的行政管理层在校长和副校长的领导下，负责学校的教务委员会、学术委员会、学位评定委员会、职称评定委员会、学校各系部以及行政管理部门。

最后，民办高校通过设立校产管理处等资产管理职能部门，负责学校教学科研和日常行政设施设备的保养和维护、资产账务管理、清产核资以及资产评估等方面的工作，从而达到完善管理体制、健全规章制度以及明晰产权关系的目的。同时，学校根据高等学校关于财务管理制度和会计制度等有关规定，结合实际情况，制定了学校资产财务管理办法和规章制度。例如，在关于学校固定资产管理办法的相关规定中，主要包括固定资产管理的主要任务、主要内容、管理体制、固定资产范围、分类和计价、固定资产使用与维护、固定资产处置、账务管理等方面的内容。吉林外国语学院、山东英才学院、黄河科技学院和南昌理工学院等民办高校均制定了固定资产管理办法。其中，黄河科技学院固定资产管理范围包括财政资助、事业和经营收入、建设用固定资产，以及通过基金和捐赠等形式取得的固定资产等。南昌理工学院的资产包括集团投资、学校收入、捐赠等形式形成的资产，坚持学校资产所有权和使用权分离、监管者和责任者分离的原则，实行两级资产管理方式。其中，财务处主要负责流动资产、长期投资的管理，科研处主要负责专利权、著作权等无形资产的管理，资产管理处主要负责学校土地、设备和房产的管理并每年向学校理事会和投资人汇报产权年检情况，基建处主要负责学校土地和房屋的产权登记。

第二节　民办高校产权管理的基本状况

一、民办高校资产的构成概况

（一）民办高校资产情况

民办高校资产[①]情况主要包括固定资产[②]、学校用地、图书和计算机等4

① 民办高校的可持续发展离不开固定资产、校园面积、图书资料、教学设备、办学经费等方面办学条件的逐步改善，这些资产的产权情况是民办高校保持长期稳定发展的重要因素。因此，本书对《中国教育统计年鉴》《中国教育经费统计年鉴》、教育部网站以及教育部发展规划司提供的统计数据进行了整理，主要分析民办高校资产、校舍以及教育经费等方面的基本情况。

② 按照统计原则和会计准则，民办高校资产情况与《中国教育统计年鉴》分类一致。其中，“固定资产”包括教学、科研仪器设备和信息化设备等。

个统计指标，从省际分布和区域分布两个方面对民办高校在各个指标中的规模及其产权情况进行分析。

1. 固定资产情况

（1）固定资产的省际分布

2011 年，我国民办高校固定资产总规模达到 2 158. 29 亿元。其中，属于学校的固定资产总值为 1 968. 19 亿元，不属于学校的固定资产总值为 190. 1 亿元（见表 4）。

从省际分布情况看，民办高校固定资产总规模超过 100 亿元的共有 11 个省份。按照固定资产总值由大到小，依次为广东、山东、湖北、江苏、浙江、辽宁、福建、陕西、四川、江西和河北，属于学校的固定资产占固定资产总值的 80% 以上。例如，广东省民办高校固定资产总值为 183. 86 亿元。其中，属于学校的固定资产 164. 56 亿元，不属于学校的固定资产 19. 3 亿元，前者占固定资产总值的 89. 5%。山东省民办高校固定资产总值为 160. 82 亿元。其中，属于学校的固定资产 154. 83 亿元，不属于学校的固定资产 5. 99 亿元，前者占固定资产总值的 96. 3%。湖北省民办高校固定资产总值为 160. 44 亿元。其中，属于学校的固定资产 143. 37 亿元，不属于学校的固定资产 17. 07 亿元，前者占固定资产总值的 89. 4%。

表 4　2011 年我国民办高校固定资产情况（亿元）

东部地区				中部地区				西部地区			
省份	学校产权	非学校产权	合计	省份	学校产权	非学校产权	合计	省份	学校产权	非学校产权	合计
北京	46. 52	0	46. 52	山西	23. 03	7. 72	30. 75	四川	94. 67	7. 79	102. 46
天津	35. 20	0. 28	35. 48	吉林	54. 82	5. 51	60. 33	重庆	50. 82	0. 70	51. 52
河北	98. 26	2. 27	100. 53	黑龙江	45. 71	0. 05	45. 76	贵州	14. 22	0	14. 22
辽宁	85. 94	20. 68	106. 62	安徽	60. 71	0. 17	60. 88	云南	50. 54	0. 73	51. 27

续表

东部地区				中部地区				西部地区			
省份	学校产权	非学校产权	合计	省份	学校产权	非学校产权	合计	省份	学校产权	非学校产权	合计
上海	44.12	26.01	70.13	江西	92.35	8.97	101.32	陕西	96.96	5.74	102.70
江苏	124.87	32.22	157.09	河南	88.51	0	88.51	甘肃	12.50	0	12.50
浙江	126.36	11.29	137.65	湖北	143.37	17.07	160.44	宁夏	8.47	0.03	8.50
福建	97.82	7.90	105.72	湖南	63.66	6.63	70.29	新疆	6.21	0	6.21
山东	154.83	5.99	160.82					广西	39.07	3.05	42.12
广东	164.56	19.30	183.86					内蒙古	12.55	0	12.55
海南	31.54	0	31.54								
总计	1 010.02	125.94	1 135.96	总计	572.16	46.12	618.28	总计	386.01	18.04	404.05

资料来源：教育部发展规划司提供的《2011 年分省民办高校资产情况》。

（2）固定资产的区域分布

从区域分布看，民办高校固定资产总规模由大到小依次为东部地区 1 135.96 亿元、中部地区 618.28 亿元、西部地区 404.05 亿元（见表 4）。

首先，东部地区各省民办高校固定资产规模分布比较均衡。除海南、北京、天津、上海以外，各省间固定资产规模差距较小，固定资产的平均规模为 103.27 亿元，主要集中在广东、山东、江苏和浙江一带。例如，江苏省民办高校固定资产总值为 157.09 亿元，其中属于学校的固定资产 124.87 亿元，不属于学校的固定资产 32.22 亿元。浙江省民办高校固定资产总值为 137.65 亿元，其中，属于学校的固定资产 126.36 亿元，不属于学校的固定资产 11.29 亿元。

其次，中部地区各省民办高校固定资产的平均规模为 77.29 亿元，湖北和江西是中部地区仅有的两个固定资产规模超过 100 亿元的省份，如，江西省民办高校固定资产总值为 101.32 亿元，其中，属于学校的固定资产 92.35

亿元，不属于学校的固定资产 8.97 亿元。山西省民办高校固定资产规模最小，总值为 30.75 亿元，其中，属于学校的固定资产 23.03 亿元，不属于学校的固定资产 7.72 亿元。

最后，西部地区各省民办高校固定资产规模整体水平较低，各省之间的差距较大，平均规模为 40.41 亿元。四川和陕西是西部地区仅有的两个固定资产规模超过 100 亿元的省份。例如，四川省民办高校固定资产总值为 102.46 亿元，其中，属于学校的固定资产 94.67 亿元，不属于学校的固定资产 7.79 亿元。陕西省民办高校固定资产总值为 102.7 亿元，其中，属于学校的固定资产 96.96 亿元，不属于学校的固定资产 5.74 亿元。

2. 用地情况

（1）用地的省际分布

2011 年，我国民办高校用地共 34 439.22 万平方米，其中，属于学校的占地面积为 20 196.4 万平方米，不属于学校的占地面积 14 242.82 万平方米（见表 5）。

从省际分布情况看，民办高校用地面积超过 1 000 万平方米的共有 14 个省份，其中，用地规模超过 1 500 万平方米的共有 8 个省份。按照占地面积由大到小，依次为广东、山东、江苏、江西、湖北、河南、河北和湖南，属于学校的占地面积占用地总面积总值的 39% 以上。例如，广东省民办高校用地面积为 3 379.6 万平方米。其中，属于学校的占地面积为 1 381.16 万平方米，不属于学校的占地面积为 1 998.44 万平方米，前者占学校用地总面积的 40.9%。山东省民办高校用地面积为 2 821.13 万平方米。其中，属于学校的占地面积为 1 768.56 万平方米，不属于学校的占地面积为 1 052.57 万平方米，前者占学校用地总面积的 62.7%。江苏省民办高校用地面积为 2 469.9 万平方米。其中，属于学校的占地面积为 965.73 万平方米，不属于学校的占地面积为 1 504.17 万平方米，前者占学校用地总面积的 39.1%。

表 5　2011 年我国民办高校用地情况（万平方米）

东部地区				中部地区				西部地区			
省份	学校产权	非学校产权	合计	省份	学校产权	非学校产权	合计	省份	学校产权	非学校产权	合计
北京	321.63	428.66	750.29	山西	172.37	430.19	602.56	四川	643.29	720.56	1 363.85
天津	447.23	61.10	508.33	吉林	305.88	307.88	613.76	重庆	721.27	312.03	1 033.3
河北	1 375.30	434.69	1 809.99	黑龙江	553.56	147.61	701.17	贵州	204.63	85.87	290.5
辽宁	847.72	535.91	1 383.63	安徽	778.00	152.91	930.91	云南	379.79	302.16	681.95
上海	280.17	177.22	457.39	江西	1 551.57	827.81	2 379.38	陕西	378.91	1 057.97	1 436.88
江苏	965.73	1 504.17	2 469.9	河南	1 656.29	284.73	1 941.02	甘肃	91.15	66.31	157.46
浙江	862.54	422.90	1 285.44	湖北	1 248.18	977.95	2 226.13	宁夏	222.09	6.67	228.76
福建	755.35	555.84	1 311.19	湖南	980.37	526.98	1 507.35	新疆	432.84	179.51	612.35
山东	1 768.56	1 052.57	2 821.13					广西	283.17	546.45	829.62
广东	1 381.16	1 998.44	3 379.6					内蒙古	139.32	81.04	220.36
海南	448.33	56.69	505.02								
总计	9 453.72	7 228.19	16 681.91	总计	7 246.22	3 656.06	10 902.28	总计	3 496.46	3 358.57	6 855.03

资料来源：教育部发展规划司提供的《2011 年分省民办高校资产情况》。

（2）用地的区域分布

从区域分布看，民办高校用地总面积由大到小依次为东部地区 16 681.91 万平方米、中部地区 10 902.28 万平方米、西部地区 6 855.03 万平方米（见表 5）。

首先，东部地区各省民办高校用地面积呈现出“三级梯队式”分布特点，用地规模平均水平为 1 516.54 万平方米。第一梯队主要集中在用地规模超过 2 000 万平方米的广东、山东和江苏，第二梯队主要集中在用地规模达到 1 000 万平方米以上的河北、辽宁、福建和浙江，第三梯队主要集中在用地规模低于 1 000 万平方米的北京、天津、海南和上海。如，河北省民办高校用地面积为 1 809.99 万平方米，其中，属于学校的占地面积为 1 375.30 万平方米，不属于学校的占地面积为 434.69 万平方米。

其次，中部地区各省民办高校用地规模的平均水平为 1 362.79 万平方米，呈现出“两集团均衡式”分布特点。江西、湖北、河南和湖南的民办高校用地面积均在 1 500 万平方米以上，安徽、黑龙江、吉林和山西的民办高校用地规模为 600 万至 1 000 万平方米，两个集团中各省之间差距不大。如，湖北省民办高校用地面积为 2 226.13 万平方米，其中，属于学校的占地面积为 1 248.18 万平方米，不属于学校的占地面积为 977.95 万平方米；河南省民办高校用地面积为 1 941.02 万平方米，其中，属于学校的占地面积为 1 656.29 万平方米，不属于学校的占地面积为 284.73 万平方米；湖南省民办高校用地规模为 1 507.35 万平方米，其中属于学校的占地面积为 980.37 万平方米，不属于学校的占地面积为 526.98 万平方米。

最后，西部地区各省民办高校用地面积总量较少，各省之间的差距较大，平均规模为 685.503 万平方米。四川和陕西是西部地区仅有的两个民办高校用地规模超过 1 000 万平方米的省份。如，四川省民办高校用地规模为 1 363.85 万平方米，其中，属于学校的占地面积为 643.29 万平方米，不属于学校的占地面积为 720.56 万平方米。陕西省民办高校用地规模为 1 436.88

万平方米，其中，属于学校的占地面积为 378.91 万平方米，不属于学校的占地面积为 1 057.97 万平方米。

3.图书情况

（1）图书的省际分布

2011 年，我国民办高校拥有图书 43 089.3 万册，其中，属于学校的图书共计 36 534.91 万册，不属于学校的图书共计 6 554.39 万册（见表 6）。

从省际分布情况看，民办高校图书藏有量达到 2 000 万册的共有 10 个省份。

其中，用地规模超过 3 000 万册的共有 4 个省份。按照图书藏有量由大到小，依次为湖北、广东、江苏和山东，属于学校的图书藏有量占图书藏有量总数的 70% 以上。例如，湖北省民办高校图书藏有量为 3 481.6 万册。其中，属于学校的图书藏有量为 2 693.52 万册，不属于学校的图书藏有量为 788.08 万册，前者占学校图书藏有量总数的 77.4%。广东省民办高校图书藏有量为 3 254.67 万册。其中，属于学校的图书藏有量为 3 140.3 万册，不属于学校的图书藏有量为 114.37 万册，前者占学校图书藏有量总数的 96.5%。江苏省民办高校图书藏有量为 3 220.07 万册。其中，属于学校的图书藏有量为 2 321.66 万册，不属于学校的图书藏有量为 898.41 万册，前者占学校图书藏有量总数的 72.1%。

民办高校图书藏有量低于 500 万册的共有 5 个省份。其中，内蒙古民办高校图书藏有量最小，仅有 178.03 万册。宁夏民办高校图书藏有量为 180.13 万册。

表 6　2011 年我国民办高校图书情况（万册）

东部地区				中部地区				西部地区			
省份	学校产权	非学校产权	合计	省份	学校产权	非学校产权	合计	省份	学校产权	非学校产权	合计
北京	708.02	0	708.02	山西	571.05	352.16	923.21	四川	1 667.62	0	1 667.62
天津	470.16	0	470.16	吉林	694.99	0	694.99	重庆	946.76	12.3	959.06
河北	2 127.23	266.84	2 394.07	黑龙江	900.79	0	900.79	贵州	452.23	377	829.23
辽宁	1 223.93	90.57	1 314.5	安徽	1 262.6	28.1	1 290.7	云南	889.02	143	1 032.02
上海	728.95	86.5	815.45	江西	1 888.34	150.56	2 038.9	陕西	1 819.94	72.65	1 892.59
江苏	2 321.66	898.41	3 220.07	河南	2 283.9	37.5	2 321.4	甘肃	301.3	0	301.3
浙江	1 961.32	43.78	2 005.1	湖北	2 693.52	788.08	3 481.6	宁夏	170.13	10	180.13
福建	1 394.48	703.47	2 097.95	湖南	1 490.55	1 148.24	2 638.79	新疆	250.41	478.98	729.39
山东	2 750.52	378	3 128.52					广西	823.12	373.88	1197
广东	3140.3	114.37	3 254.67					内蒙古	178.03	0	178.03
海南	424.04	0	424.04								
总计	17 250.61	2 581.94	19 832.55	总计	11 785.74	2 504.64	14 290.38	总计	7 498.56	1 467.81	8 966.37

资料来源：教育部发展规划司提供的《2011 年分省民办高校资产情况》。

（2）图书的区域分布

从区域分布看，民办高校图书藏有量由大到小依次为东部地区 19832.55 万册、中部地区 14290.38 万册、西部地区 8966.37 万册（见表 6）。

首先，东部地区各省民办高校图书藏有量较多。广东、江苏和山东超过 3000 万册以上，河北、福建和浙江超过 2000 万册，辽宁超过 1000 万册，图书藏有量平均规模为 1802.96 万册。例如，山东省民办高校图书藏有量为 3128.52 万册，其中，属于学校的图书藏有量为 2750.52 万册，不属于学校的图书藏有量为 378 万册。河北省民办高校图书藏有量为 2394.07 万册，其中，属于学校的图书藏有量为 2127.23 万册，不属于学校的图书藏有量为 266.84 万册；北京、天津和海南的民办高校图书全部归学校所有。

其次，中部地区各省民办高校图书平均藏有量为 1786.3 万册，与东部地区差距不明显。湖北省民办高校图书藏有量达到了 3000 万册，湖南、河南和江西的民办高校图书藏有量达到了 2000 万册，安徽省民办高校图书藏有量达到了 1000 万册。例如，湖南省民办高校图书藏有量为 2638.79 万册，其中，属于学校的图书藏有量为 1490.55 万册，不属于学校的图书藏有量为 1148.24 万册。安徽省民办高校图书藏有量为 1290.7 万册，其中，属于学校的图书藏有量为 1262.6 万册，不属于学校的图书藏有量为 28.1 万册；黑龙江和吉林的民办高校图书全部归学校所有。

最后，西部地区各省民办高校图书平均藏有量为 896.64 万册，陕西、四川和云南的民办高校图书藏有量均超过 1000 万册。例如，陕西省民办高校图书藏有量为 1892.59 万册，其中，属于学校的图书藏有量为 1819.94 万册，不属于学校的图书藏有量为 72.65 万册。四川、甘肃和内蒙古民办高校图书藏有量分别为 1667.62 万册、301.3 万册、178.03 万册，全部归学校所有。云南省民办高校图书藏有量为 1032.02 万册，其中，属于学校的图书藏有量为 889.02 万册，不属于学校的图书藏有量为 143 万册。

4. 计算机情况

（1）计算机的省际分布

2011 年，我国民办高校拥有计算机 122.08 万台，其中，属于学校的计算机共计 116.51 万台，不属于学校的计算机共计 5.57 万台（见表 7）。

从省际分布情况看，民办高校计算机拥有量达到 5 万台的省份共有 10 个，其中，计算机拥有量超过 8 万台的省份共有 5 个省份。按照计算机拥有量由多到少，依次为广东、江苏、湖北、浙江和山东，属于学校的计算机占计算机总数的 85% 以上。例如，广东省民办高校计算机拥有量为 11.19 万台，全部归学校所有。江苏省民办高校计算机拥有量为 10.23 万台。其中，属于学校的计算机数量为 9.16 万台，不属于学校的计算机数量为 1.07 万台，前者占学校计算机总数的 89.5%。湖北省民办高校计算机拥有量为 9.59 万台。其中，属于学校的计算机数量为 8.21 万台，不属于学校的计算机数量为 1.38 万台，前者占学校计算机总数的 85.6%。

表 7　2011 年我国民办高校计算机情况（万台）

东部地区				中部地区				西部地区			
省份	学校产权	非学校产权	合计	省份	学校产权	非学校产权	合计	省份	学校产权	非学校产权	合计
北京	3.79	0	3.79	山西	1.70	0.56	2.26	四川	4.38	0	4.38
天津	1.61	0	1.61	吉林	2.74	0	2.74	重庆	3.21	0.05	3.26
河北	5.66	0.03	5.69	黑龙江	2.55	0	2.55	贵州	1.31	0	1.31
辽宁	3.49	0.38	3.87	安徽	2.86	0.02	2.88	云南	2.71	0.04	2.75
上海	3.16	0.03	3.19	江西	6.10	0.50	6.6	陕西	5.69	0.13	5.82
江苏	9.16	1.07	10.23	河南	5.64	0.02	5.66	甘肃	0.72	0	0.72
浙江	9.04	0.29	9.33	湖北	8.21	1.38	9.59	宁夏	0.44	0	0.44
福建	4.97	0.12	5.09	湖南	3.82	0.42	4.24	新疆	0.420	0.06	0.48
山东	8.00	0.46	8.46					广西	2.47	0	2.47

续表

东部地区				中部地区				西部地区			
省份	学校产权	非学校产权	合计	省份	学校产权	非学校产权	合计	省份	学校产权	非学校产权	合计
广东	11.19	0	11.19					内蒙古	0.510	0.01	0.52
海南	0.96	0	0.96								
总计	61.03	2.38	63.41	总计	33.62	2.9	36.52	总计	21.86	0.29	22.15

资料来源：教育部发展规划司提供的《2011 年分省民办高校资产情况》。

（2）计算机的区域分布

从区域分布看，民办高校计算机拥有量由多到少依次为东部地区 63.41 万台、中部地区 36.52 万台、西部地区 22.15 万台，不属于学校的计算机数量很少（见表 7）。

首先，东部地区各省民办高校计算机平均拥有量为 5.76 万台，广东和江苏两省民办高校计算机拥有量最多，均超过了 10 万台的规模。浙江、山东、河北和福建的民办高校计算机拥有量均在 5 万台规模以上。例如，浙江省民办高校计算机拥有量为 9.33 万台，其中，属于学校的计算机数量为 9.04 万台，不属于学校的计算机数量为 0.29 万台。山东省民办高校计算机拥有量为 8.46 万台，其中，属于学校的计算机数量为 8 万台，不属于学校的计算机数量为 0.46 万台。

其次，中部地区各省民办高校计算机平均拥有量为 4.57 万台，呈现出“两极分化”的特点。湖北、江西、河南和湖南各省的民办高校计算机拥有量均在 4 万台以上规模，安徽、吉林、黑龙江和山西各省的民办高校计算机拥有量为 2 万台至 3 万台的规模。例如，江西省民办高校计算机拥有量为 6.6 万台，其中，属于学校的计算机数量为 6.1 万台，不属于学校的计算机数量为 0.5 万台。安徽省民办高校计算机拥有量为 2.88 万台，其中，属于学校的计算机数量为 2.86 万台，不属于学校的计算机数量为 0.02 万台。

最后，西部地区各省民办高校计算机平均拥有量为 2.22 万台，计算机拥有量在 3 万台规模以上的地区仅有陕西、四川和重庆。陕西省民办高校计算机拥有量为 5.82 万台，其中，属于学校的计算机数量为 5.69 万台，不属于学校的计算机数量为 0.13 万台。四川省民办高校计算机拥有量为 4.38 万台，全部归学校所有。重庆市民办高校计算机拥有量为 3.26 万台，其中，属于学校的计算机数量为 3.21 万台，不属于学校的计算机数量为 0.05 万台。

（二）民办高校校舍情况

民办高校校舍情况主要包括教学科研及辅助用房、行政办公用房和生活用房等 3 个统计指标，从省际分布和区域分布两个方面对民办高校在各个指标中的规模及其产权情况进行分析。

1. 教学科研及辅助用房情况

（1）教学科研及辅助用房的省际分布

2011 年，我国民办高校教学科研及辅助用房共计 6 770.04 万平方米，其中属于学校的教学科研及辅助用房 3 761.57 万平方米，不属于学校的教学科研及辅助用房 3 008.47 万平方米（见表 8）。

从各省情况来看，民办高校教学科研及辅助用房面积超过 300 万平方米规模的省份共有 8 个，其中，教学科研及辅助用房面积超过 400 万平方米的省份共有 5 个。按照教学科研及辅助用房面积由大到小，依次为山东、湖北、江苏、河北和江西，属于学校的教学科研及辅助用房占其教学科研及辅助用房总面积的 50% 以上（江苏省为 28.2%）。山东省民办高校教学科研及辅助用房面积为 567.83 万平方米，其中，属于学校的教学科研及辅助用房面积为 315.7 万平方米，不属于学校的教学科研及辅助用房面积为 252.13 万平方米，前者占学校教学科研及辅助用房总面积的 55.6%。湖北省民办高校教学科研及辅助用房面积为 524.71 万平方米，其中，属于学校的教学科研及辅助用房面积为 303.07 万平方米，不属于学校的教学科研及辅助用房面积为 221.64 万平方米，前者占学校教学科研及辅助用房总面积的 57.8%。

表 8　2011 年我国民办高校教学科研及辅助用房情况（万平方米）

东部地区				中部地区				西部地区			
省份	学校产权	非学校产权	合计	省份	学校产权	非学校产权	合计	省份	学校产权	非学校产权	合计
北京	67.65	49.95	117.6	山西	30.60	102.57	133.17	四川	119.24	173.01	292.25
天津	75.36	19.39	94.75	吉林	67.18	51.28	118.46	重庆	140.07	26.38	166.45
河北	369.67	55.01	424.68	黑龙江	116.58	26.50	143.08	贵州	53.39	22.74	76.13
辽宁	140.06	113.20	253.26	安徽	176.16	37.03	213.19	云南	45.73	99.32	145.05
上海	66.05	46.65	112.7	江西	329.71	83.10	412.81	陕西	107.05	198.95	306
江苏	134.50	342.60	477.1	河南	352.44	36.51	388.95	甘肃	22.48	41.06	63.54
浙江	176.86	171.82	348.68	湖北	303.07	221.64	524.71	宁夏	30.61	0.77	31.38
福建	117.57	155.68	273.25	湖南	150.22	128.90	279.12	新疆	42.89	17.24	60.13
山东	315.70	252.13	567.83					广西	20.82	127.42	148.24
广东	149.47	327.26	476.73					内蒙古	15.60	23.24	38.84
海南	24.84	57.12	81.96								
总计	1 637.73	1 590.81	3 228.54	总计	1 525.96	687.53	2 213.49	总计	597.88	730.13	1 328.01

资料来源：教育部发展规划司提供的《2011 年分省民办高校校舍情况》。

（2）教学科研及辅助用房的区域分布

从区域分布看，民办高校教学科研及辅助用房面积由大到小依次为东部地区 3 228.54 万平方米、中部地区 2 213.49 万平方米、西部地区 1 328.01 万平方米（见表 8）。

首先，东部地区各省民办高校教学科研及辅助用房平均面积为 293.5 万平方米，山东、江苏、广东和河北等四个省份民办高校教学科研及辅助用房面积均超过了 400 万平方米。在山东和河北两省民办高校中，属于学校的教学科研及辅助用房占主体。在江苏和广东两省民办高校中，不属于学校的教学科研及辅助用房占主体。江苏省民办高校教学科研及辅助用房面积为 477.1 万平方米，其中，属于学校的教学科研及辅助用房面积为 134.50 万平方米，不属于学校的教学科研及辅助用房面积为 342.60 万平方米。广东省民办高校教学科研及辅助用房面积为 476.73 万平方米，其中属于学校的教学科研及辅助用房面积为 149.47 万平方米，不属于学校的教学科研及辅助用房面积为 327.26 万平方米。河北省民办高校教学科研及辅助用房面积为 424.68 万平方米，其中，属于学校的教学科研及辅助用房面积为 369.67 万平方米，不属于学校的教学科研及辅助用房面积为 55.01 万平方米。

其次，中部地区各省民办高校教学科研及辅助用房平均规模为 276.69 万平方米，湖北、江西和河南三省民办高校教学科研及辅助用房面积超过了 300 万平方米，湖南和安徽两省民办高校教学科研及辅助用房面积超过了 200 万平方米，其余省份民办高校教学科研及辅助用房面积均在 100 万平方米以上。例如，河南省民办高校教学科研及辅助用房面积为 388.95 万平方米，其中，属于学校的教学科研及辅助用房面积为 352.44 万平方米，不属于学校的教学科研及辅助用房面积为 36.51 万平方米。湖南省民办高校教学科研及辅助用房面积为 279.12 万平方米，其中，属于学校的教学科研及辅助用房面积为 150.22 万平方米，不属于学校的教学科研及辅助用房面积为 128.9 万平方米。

最后，西部地区各省民办高校教学科研及辅助用房平均规模为 132.8 万平方米，陕西、四川两省民办高校教学科研及辅助用房规模最大，属于学校的教学科研及辅助用房占主体。重庆、云南和广西等地区民办高校教学科研及辅助用房面积超过了 100 万平方米。例如，陕西省民办高校教学科研及辅助用房面积为 306 万平方米，其中属于学校的教学科研及辅助用房面积为 107.05 万平方米，不属于学校的教学科研及辅助用房面积为 198.95 万平方米。四川省民办高校教学科研及辅助用房面积为 292.25 万平方米，其中属于学校的教学科研及辅助用房面积为 119.24 万平方米，不属于学校的教学科研及辅助用房面积为 173.01 万平方米。

2. 行政办公用房情况

（1）行政办公用房的省际分布

2011 年，我国民办高校行政办公用房共计 760.93 万平方米，其中属于学校的行政办公用房 431.71 万平方米，不属于学校的行政办公用房 329.22 万平方米（见表 9）。

从各省情况来看，民办高校行政办公用房面积超过了 30 万平方米的省份共有 11 个，其中，行政办公用房面积超过 50 万平方米的省份共有 4 个。按照行政办公用房面积由大到小，依次为广东、湖北、山东和江西，属于学校的行政办公用房占其行政办公用房总面积的 50% 以上（广东省为 24.5%）。例如，广东省民办高校行政办公用房面积为 64.53 万平方米，其中，属于学校的行政办公用房面积为 15.84 万平方米，不属于学校的行政办公用房为 48.69 万平方米。湖北省民办高校行政办公用房面积为 62.42 万平方米，其中，属于学校的行政办公用房面积为 43.5 万平方米，不属于学校的行政办公用房为 18.92 万平方米，前者占学校行政办公用房总面积的 69.7%。

黑龙江民办高校行政办公房面积最小，仅 3.68 万平方米。新疆、甘肃、宁夏民办高校行政办公房也都低于 10 万平方米。

表 9　2011 年我国民办高校行政办公用房情况（万平方米）

东部地区				中部地区				西部地区			
省份	学校产权	非学校产权	合计	省份	学校产权	非学校产权	合计	省份	学校产权	非学校产权	合计
北京	7.53	10.03	17.56	山西	2.78	8.08	10.86	四川	16.33	15.29	31.62
天津	8.63	3.69	12.32	吉林	10.00	4.96	14.96	重庆	18.27	1.24	19.51
河北	40.30	5.82	46.12	黑龙江	13.39	2.62	16.01	贵州	6.31	2.32	8.63
辽宁	11.75	9.43	21.18	安徽	15.17	3.38	18.55	云南	6.76	15.78	22.54
上海	6.93	7.90	14.83	江西	44.02	9.85	53.87	陕西	13.03	17.38	30.41
江苏	13.33	35.31	48.64	河南	32.39	6.49	38.88	甘肃	3.98	1.74	5.72
浙江	22.45	17.35	39.8	湖北	43.50	18.92	62.42	宁夏	6.22	0.00	6.22
福建	15.68	13.40	29.08	湖南	15.26	16.69	31.95	新疆	5.05	0.59	5.64
山东	30.00	27.50	57.5					广西	0.68	15.60	16.28
广东	15.84	48.69	64.53					内蒙古	2.36	1.32	3.68
海南	3.77	7.85	11.62								
总计	176.21	186.97	363.18	总计	176.51	70.99	247.5	总计	78.99	71.26	150.25

资料来源：教育部发展规划司提供的《2011 年分省民办高校校舍情况》统计资料。

（2）行政办公用房的区域分布

从区域分布看，民办高校行政办公用房面积由大到小依次为东部地区 3 228.54 万平方米、中部地区 247.5 万平方米、西部地区 150.25 万平方米（见表 9）。

首先，东部地区各省民办高校行政办公用房平均面积为 33.02 万平方米，广东、山东、江苏和河北等四个省份民办高校行政办公用房面积均超过了 40 万平方米。在山东和河北两省民办高校中，属于学校的行政办公用房占主体。在广东和江苏两省民办高校中，不属于学校的行政办公用房占主体。例如，山东省民办高校行政办公用房面积为 57.5 万平方米，其中，属于学校的行政办公用房面积为 30.00 万平方米，不属于学校的行政办公用房面积为 27.50 万平方米。江苏省民办高校行政办公用房面积为 48.64 万平方米，其中，属于学校的行政办公用房面积为 13.33 万平方米，不属于学校的行政办公用房面积为 35.31 万平方米。河北省民办高校行政办公用房面积为 46.12 万平方米，其中，属于学校的行政办公用房面积为 40.30 万平方米，不属于学校的行政办公用房面积为 5.82 万平方米。

其次，中部地区各省民办高校行政办公用房平均面积为 30.94 万平方米，湖北和江西两省民办高校行政办公用房面积超过 50 万平方米，河南和湖南两省民办高校行政办公用房面积超过 30 万平方米，其余省份民办高校行政办公用房面积均超过 10 万平方米。如，江西省民办高校行政办公用房面积为 53.87 万平方米，其中，属于学校的行政办公用房面积为 44.02 万平方米，不属于学校的行政办公用房面积为 9.85 万平方米。河南省民办高校行政办公用房面积为 38.88 万平方米，其中，属于学校的行政办公用房面积为 32.39 万平方米，不属于学校的行政办公用房面积为 6.49 万平方米。

最后，西部地区各省民办高校行政办公用房平均规模为 15.03 万平方米，四川和陕西两省民办高校行政办公用房面积最大，分别为 31.62 万平方米和 30.41 万平方米。云南、重庆和广西等地民办高校行政办公用房面积分别为

22.54 万平方米、19.51 万平方米和 16.28 万平方米。

3. 生活用房情况

（1）生活用房的省际分布

2011 年，我国民办高校生活用房共计 5 993.93 万平方米，其中，属于学校的生活用房 2 892.04 万平方米，不属于学校的生活用房 3 101.89 万平方米（见表 10）。

从各省情况来看，民办高校生活用房面积超过 300 万平方米的省份共有 8 个。其中，生活用房面积超过 400 万平方米的省份共有 4 个。按照生活用房面积由大到小，依次为广东、山东、江苏和湖北，属于学校的生活用房占生活用房总面积的 20% 以上（江苏省为 19.5%）。例如，广东省民办高校生活用房面积为 575.07 万平方米。其中，属于学校的生活用房面积为 131.7 万平方米，不属于学校的生活用房为 443.37 万平方米，前者占学校生活用房总面积的 22.9%。山东省民办高校生活用房面积为 458.57 万平方米。其中，属于学校的生活用房面积为 252.21 万平方米，不属于学校的生活用房为 206.36 万平方米，前者占学校生活用房总面积的 55%。

民办高校生活用房面积低于 100 万平方米的省份共有 7 个。其中，用房面积最小的是宁夏，只有 24.03 万平方米。内蒙古、甘肃民办高校生活面积也低于 50 万平方米。

表 10　2011 年我国民办高校生活用房情况（万平方米）

东部地区				中部地区				西部地区			
省份	学校产权	非学校产权	合计	省份	学校产权	非学校产权	合计	省份	学校产权	非学校产权	合计
北京	68.75	73.42	142.17	山西	26.04	78.55	104.59	四川	82.96	154.20	237.16
天津	63.85	18.41	82.26	吉林	50.91	74.52	125.43	重庆	119.83	33.21	153.04
河北	225.66	77.49	303.15	黑龙江	82.01	25.62	107.63	贵州	41.54	17.45	58.99
辽宁	87.69	117.14	204.83	安徽	125.12	41.98	167.1	云南	55.97	92.75	148.72
上海	38.53	84.71	123.24	江西	263.32	72.54	335.86	陕西	126.03	173.52	299.55
江苏	87.58	362.25	449.83	河南	267.23	34.44	301.67	甘肃	18.84	17.55	36.39
浙江	158.65	170.78	329.43	湖北	205.75	212.16	417.91	宁夏	23.67	0.36	24.03
福建	85.10	193.19	278.29	湖南	120.85	123.62	244.47	新疆	24.25	8.70	32.95
山东	252.21	206.36	458.57					广西	13.94	132.40	146.34
广东	131.70	443.37	575.07					内蒙古	15.59	19.41	35
海南	28.47	41.79	70.26								
总计	1 228.19	1 788.91	3 017.1	总计	1 141.23	663.43	1 804.66	总计	522.62	649.55	1 172.17

资料来源：教育部发展规划司提供的《2011 年分省民办高校校舍情况》统计资料。

（2）生活用房的区域分布

从区域分布看，民办高校生活用房面积由大到小依次为东部地区 3 017.1 万平方米、中部地区 1 804.66 万平方米、西部地区 1 172.17 万平方米（见表 10）。

首先，东部地区各省民办高校生活用房平均规模为 274.28 万平方米，广东、山东和江苏三个省份民办高校生活用房面积均超过了 400 万平方米。在广东和江苏两省民办高校中，不属于学校的生活用房占主体。在山东省民办高校中，属于学校的和不属于学校的生活用房比例基本持平。例如，江苏省民办高校生活用房面积为 449.83 万平方米，其中属于学校的生活用房面积为 87.58 万平方米，不属于学校的生活用房为 362.25 万平方米。

其次，中部地区各省民办高校生活用房平均规模为 225.58 万平方米，湖北、江西、河南和湖南四省民办高校生活用房面积均超过了 200 万平方米，其余省份民办高校生活用房面积在 100 万平方米左右。例如，湖北省民办高校生活用房面积为 417.91 万平方米，其中属于学校的生活用房面积为 205.75 万平方米，不属于学校的生活用房为 212.16 万平方米。江西省民办高校生活用房面积为 335.86 万平方米，其中，属于学校的生活用房面积为 263.32 万平方米，不属于学校的生活用房为 72.54 万平方米。

最后，西部地区各省民办高校生活用房平均规模为 117.22 万平方米，陕西和四川两省民办高校生活用房面积均超过了 200 万平方米，并且不属于学校的生活用房面积占其生活用房面积总量的主体。重庆、云南和广西地区民办高校生活用房面积均超过了 100 万平方米，其余省份民办高校生活用房面积较小。例如，陕西省民办高校生活用房面积为 299.55 万平方米，其中，属于学校的生活用房面积为 126.03 万平方米，不属于学校的生活用房为 173.52 万平方米。四川省民办高校生活用房面积为 237.16 万平方米，其中，属于学校的生活用房面积为 82.96 万平方米，不属于学校的生活用房为 154.20 万平方米。

（三）民办高校教育经费情况

民办高校教育经费主要包括收入和支出两部分内容。教育经费收入情况主要包括预算内教育经费、政府征收用于教育的税费、举办者投入、学杂费、社会捐赠、校办产业和经营收益用于教育的经费等6个统计指标。教育经费支出情况主要包括事业性经费支出和基本建设支出等2个统计指标。对上述指标，将从各个统计指标的年际变化趋势及其在教育经费结构中的比例变动两个方面进行分析。

1. 教育经费收入情况

（1）教育经费收入的年际变化趋势

2007年至2010年，民办高校教育经费总收入呈现逐年增长趋势，分别为314.51亿元、411.9亿元、481.07亿元和538.58亿元。其中，民办本科高校教育经费收入分别为219.55亿元、297.94亿元、347.65亿元和397.01亿元。民办专科高校教育经费收入分别为94.96亿元、113.96亿元、133.42亿元和141.57亿元。可见，这两个层次教育经费收入的变动趋势与教育经费总收入情况一致（见表11）。从2007年至2010年各项统计指标年际变化趋势看：

第一，预算内教育经费呈现逐年增长趋势，从2007年的8.24亿元增加至2010年的26.75亿元，预算内教育经费平均值为17.63亿元。预算内教育经费年增长幅度分别为8.3亿元、2.44亿元和7.77亿元。可见，2008年和2010年民办高校预算内教育经费增幅较大。

第二，政府征收用于教育的税费整体呈现增长趋势，从2007年的0.38亿元增长到2010年的1.24亿元，政府征收用于教育的税费平均值为0.71亿元。除2008年政府征收用于教育的税费保持不变外，其年增长幅度分别为2009年的0.44亿元和2010年的0.42亿元。

第三，学杂费收入呈现逐年增长趋势，从2007年的272.05亿元增加至2010年的481.55亿元，学杂费收入平均值为385.42亿元。学杂费收入年增长幅度分别为 90.4 亿元、63.17 亿元和 55.93 亿元。可见，民办高校学杂费收入增长幅度呈现逐年下降趋势。

第四，举办单位和个人对民办高校投入变动较大，从 2007 年的 31.88 亿元减少至 2010 年的 26.97 亿元，举办单位和个人对民办高校投入的平均值为 30.53 亿元。除 2009 年举办单位和个人投入较 2008 年增加了 2.93 亿元外，举办单位和个人投入在 2008 年和 2010 年分别较前一年减少了 1.71 亿元和 6.13 亿元。

第五，捐赠收入近年来变动不大，平均值为 1.28 亿元。除 2009 年捐赠收入较 2008 年增加了 0.73 亿元外，民办高校的捐赠收入在 2008 年和 2010 年分别较前一年减少了 0.28 亿元和 0.46 亿元。

第六，校办产业和经营收益用于教育的经费收入近年来变动不大，平均值为 0.96 亿元。除 2008 年经费增加了 0.68 亿元外，校办产业和经营收益用于教育的经费收入在 2009 年和 2010 年分别较前一年减少了 0.54 亿元和 0.02 亿元。

表 11　2007—2010 年我国民办高校教育经费收入情况（亿元）

年份	层次	预算内教育经费	政府征收用于教育的税费	学杂费	举办者投入	捐赠收入	校办产业和经营收益用于教育的经费	合计
2007 年	本科	5.71	0.24	189.64	23.40	0.34	0.22	219.55
	专科	2.53	0.14	82.41	8.48	0.90	0.50	94.96
	总计	8.24	0.38	272.05	31.88	1.24	0.72	314.51
2008 年	本科	11.93	0.32	267.06	17.53	0.80	0.30	297.94
	专科	4.61	0.06	95.39	12.64	0.16	1.10	113.96
	总计	16.54	0.38	362.45	30.17	0.96	1.4	411.9

续表

年份	层次	预算内教育经费	政府征收用于教育的税费	学杂费	举办者投入	捐赠收入	校办产业和经营收益用于教育的经费	合计
2009 年	本科	12.73	0.35	317.64	15.43	0.99	0.51	347.65
	专科	6.25	0.47	107.98	17.67	0.70	0.35	133.42
	总计	18.98	0.82	425.62	33.1	1.69	0.86	481.07
2010 年	本科	15.40	0.63	367.29	12.40	0.91	0.38	397.01
	专科	11.35	0.61	114.26	14.57	0.32	0.46	141.57
	总计	26.75	1.24	481.55	26.97	1.23	0.84	538.58

资料来源：《中国教育经费统计年鉴 2008》至《中国教育经费统计年鉴 2011》中《民办各级各类教育机构教育经费收入情况》。

（2）教育经费收入的比例变动情况

从统计指标在教育经费收入结构中的比例变动情况看（见表 11），按照各个统计指标所占比例平均值由大到小，依次为学杂费收入 88.09%、举办单位和个人投入 7.34%、预算内教育经费 3.89%、捐赠收入 0.3%、校办产业和经营收益用于教育的经费 0.23%，以及各级政府征收用于教育的税费 0.15%。可见，我国民办高校教育经费收入主要依靠学杂费、举办单位和个人投入以及预算内教育经费三种途径，学杂费收入是教育经费收入的主要来源。

第一，预算内教育经费在教育经费收入结构中所占比例变化较大，分别为 2.62%、4.02%、3.95% 和 4.97%。可见，2010 年预算内教育经费所占比例值最大。其中，民办本科高校预算内教育经费 15.40 亿元，民办专科高校预算内教育经费 11.35 亿元。

第二，政府征收用于教育的税费在教育经费收入结构中所占比例保持平稳，分别为 0.12%、0.09%、0.17% 和 0.23%。可见，2010 年政府征收用于教育的税费所占比例值最大。其中，民办本科高校政府征收用于教育的税费0.63亿元，民办专科高校政府征收用于教育的税费0.61亿元。

第三，学杂费收入在教育经费收入结构中所占比例逐年增加，分别为86.5%、87.99%、88.47%和89.41%。2010年，民办本科高校学杂费收入367.29亿元，民办专科高校学杂费收入114.26亿元。

第四，举办单位和个人投入在教育经费收入结构中所占比例呈逐年下降趋势，分别为10.14%、7.32%、6.88%和5.01%。2010年，民办本科高校举办单位和个人投入12.4亿元，民办专科高校举办单位和个人投入14.57亿元。

第五，捐赠收入在教育经费收入结构中所占比例变化不大，分别为0.39%、0.23%、0.35%和0.23%。2010年，民办本科高校捐赠收入0.91亿元，民办专科高校捐赠收入0.32亿元。

第六，校办产业和经营收益用于教育的经费在教育经费收入结构中所占比例整体呈现下降趋势，分别为0.23%、0.34%、0.18%和0.16%。2010年，民办本科高校校办产业和经营收益用于教育的经费0.38亿元，民办专科高校校办产业和经营收益用于教育的经费0.46亿元。

2.教育经费支出情况

（1）教育经费支出的年际变化趋势

2007年至2010年，民办高校教育经费总支出呈现逐年增长趋势，分别为319.79亿元、393.65亿元、486.9亿元和547.58亿元。其中，民办本科高校教育经费支出分别为212.06亿元、272.09亿元、334.36亿元和381.74亿元。民办专科高校教育经费支出分别为107.73亿元、121.56亿元、152.54亿元和165.84亿元。可见，这两个层次教育经费支出的变动趋势与教育经费总支出情况一致（见表12）。

从2007年至2010年各项统计指标年际变化趋势看：一是事业性经费支出保持逐年增长水平，从2007年的289.64亿元增加至2010年的517.35亿元，事业性经费支出的平均值为409.8亿元。其中，个人部分支出从2007年的 70.89 亿元增加至 2010 年的 154.92 亿元，个人部分支出平均值为 114.86 亿元。公用部分支出从 2007 年的 218.75 亿元增加至 2010 年的 362.43 亿元，公用部分支出平均值为 294.94 亿元。二是基本建设支出呈现出波动状态，分别为 30.15 亿元、24.73 亿元、23.6 亿元和 30.23 亿元，基本建设支出的平均值为 27.18 亿元。

表 12　2007—2010 年我国民办高校教育经费支出情况（亿元）

年份	层次	事业性经费支出		基本建设支出	合计
		个人部分	公用部分		
2007 年	本科	47.98	142.46	21.62	212.06
	专科	22.91	76.29	8.53	107.73
	总计	70.89	218.75	30.15	319.79
2008 年	本科	74.75	181.9	15.44	272.09
	专科	30.09	82.18	9.29	121.56
	总计	104.84	264.08	24.73	393.65
2009 年	本科	91.97	227.85	14.54	334.36
	专科	36.82	106.66	9.06	152.54
	总计	128.79	334.51	23.6	486.9
2010 年	本科	109.99	252.68	19.07	381.74
	专科	44.93	109.75	11.16	165.84
	总计	154.92	362.43	30.23	547.58

资料来源：《中国教育经费统计年鉴 2008》至《中国教育经费统计年鉴 2011》中《民办各级各类教育机构教育经费支出情况》。

（2）教育经费支出的比例变动情况

从统计指标在教育经费支出结构中的比例变动情况看（见表12），按照这两个统计指标所占比例平均值由大到小，分别为93.48%和6.52%。可见，目前我国民办高校教育经费支出的主要用途为事业性经费支出。

一是2007年至2010年事业性经费支出在教育经费支出结构中所占比例保持稳中有升态势，分别为90.57%、93.72%、95.15%和94.48%。在事业性经费支出中，2007年至2010年民办本科高校事业性经费支出所占比例较大，分别为65.75%、69.57%、69.03%和70.1%，从2007年的190.44亿元增长至2010年的362.67亿元。2010年民办本科高校事业性经费支出中，个人部分支出109.99亿元，公用部分支出252.68亿元。而2007年至2010年民办专科高校事业性经费支出虽然逐年增加，分别为99.2亿元、112.27亿元、143.48亿元和154.68亿元，但其在事业性经费支出中所占比例整体呈现下降趋势，分别为34.25%、30.43%、30.97%和29.9%。2010年民办专科高校事业性支出中，个人部分支出44.93亿元，公用部分支出109.75亿元。

二是2007年至2010年基本建设支出在教育经费支出结构中所占比例波动较大，整体呈现下降趋势，分别为9.43%、6.28%、4.85%和5.52%。在基本建设支出中，2007年至2010年民办本科高校基本建设支出变化较大，分别为21.62亿元、15.44亿元、14.54亿元和19.07亿元，所占比例分别为71.71%、62.43%、61.61%和63.08%。2007年至2010年民办专科高校基本建设支出整体呈现增长趋势，分别为8.53亿元、9.29亿元、9.06亿元和11.16亿元，所占比例分别为28.29%、37.57%、38.39%和36.92%。

二、产权管理的法规政策

民办高校产权的法规政策受到我国社会经济发展的宏观走向的影响，一定程度上体现出经济体制改革和国有企业产权改革在民办高等教育领域的反映。“民办学校的产权关系是否明晰，直接关系到民办学校的生存和发展。产权清晰，可以调动和保护民办学校举办者（出资人）办学的积极性，有利于学校的稳定和发展。”① 教育资源的稀缺性使得产权排他性成为必要和可能，“由国家立法、执法，对产权实行同意保护和排他显然更有效”②，在宏观政策上已经为民办高校产权管理提出了要求。2003 年，党的十六届三中全会通过的《中共中央关于完善社会主义市场经济体制若干问题的决定》指出“产权是所有制的核心和主要内容”，建立健全现代产权制度，有利于维护公有财产权，保护私有财产权。要完善产权法律制度，规范和理顺产权关系，保护各类产权权益。同年，国务院国资委和财政部颁布了《企业国有产权转让管理暂行办法》，其后又出台了一系列配套政策，解决了长期困扰产权市场的一些重大理论和实践问题，推动了我国产权交易市场规范发展。2005 年，为加强企业国有资产监督管理，规范企业国有产权转让行为，国务院国资委和财政部联合颁发《企业国有产权向管理层转让暂行规定》，有力地推动了我国产权转让和改革。2010 年发布的《国家中长期教育改革和发展规划纲要（2010—2020）》指出，要依法管理民办教育。切实落实民办学校法人财产权；完善民办学校法人治理结构；教育行政部门要切实加强民办教育的统筹、规划和管理工作；依法明确民办学校变更、退出机制。因此，需要运用法治手段对民办高校产权进行规范和调整，理顺不同产权主体之间的经济关系和法律关系。

目前，我国尚无民办高校产权方面的专门法规条例，相关的法规政策散见于教育法律法规和其他法律法规。根据法律政策的颁布机构和具体内容，我国民办高校产权管理的相关法规政策主要体现在国家和地方两个层次，共四个类别的相关法规政策之中。

国家有关民办高校产权管理的法规政策主要体现在教育公益性、产权界定、产权配置、产权监管和产权运作等方面，包括以下三个类别的法律政策内

① 吴开华，安杨．民办学校法律地位[M]．南京：江苏教育出版社，2011：31.
② 黄少安．产权经济学导论[M]．北京：经济科学出版社，2004：130.

容（见表 13，条款内容见附录 1）：一是全国人民代表大会及其常委会颁布的法律，包括《宪法》《民法通则》等。二是教育法律、教育行政法规、教育部门规章，包括《教育法》《高等教育法》《民办教育促进法》《民办教育促进法实施条例》《民办高等学校办学管理若干规定》《高等学校知识产权保护管理规定》《教育部关于鼓励和引导民间资金进入教育领域　促进民办教育健康发展的实施意见》等。三是国务院和财政部颁布的相关行政法规，包括《民办非企业单位登记管理暂行条例》《民间非营利组织会计制度》《国务院办公厅关于加强民办高校规范管理　引导民办高等教育健康发展的通知》等。

表 13　国家有关民办高校产权管理的法规政策

内容	名称（条款）
公益性	《教育法》第八条、第二十五条
	《高等教育法》第二十四条
	《民办教育促进法》第三条
	《民办高等学校办学管理若干规定》第二条
	《民办非企业单位登记管理暂行条例》第二条、第四条
	《民间非营利组织会计制度》第二条
	《国务院办公厅关于加强民办高校规范管理　引导民办高等教育健康发展的通知》第二部分
产权界定	《教育法》第三十一条、第六十一条
	《高等教育法》第三十条、第三十八条、第六十一条
	《民办教育促进法》第三十五条、第三十六条、第五十一条
	《民办教育促进法实施条例》第五条、第七条、第八条、第三十七条、第三十八条、第四十四条、第四十五条
	《国家教育事业发展第十二个五年规划》“四、创新国家教育制度”之（四）

续表

内容	名称（条款）
产权界定	《民办高等学校办学管理若干规定》第六条、第七条
	《高等学校知识产权保护管理规定》第二十三条
产权配置	《高等教育法》第三十九条
	《民办教育促进法》第十九条、第三十四条
	《民办教育促进法实施条例》第九条、第三十四条
	《国家教育事业发展第十二个五年规划》“四、创新国家教育制度”之（四）
产权监管	《教育法》第十五条、第六十三条
	《高等教育法》第六十五条
	《民办教育促进法》第三十八条、第四十条
	《国家中长期教育改革和发展规划纲要（2010—2020 年）》第四十四条，第六十七条
	《国家教育事业发展第十二个五年规划》“四、创新国家教育制度”之（四）
	《民办高等学校办学管理若干规定》第四条、第二十三条、第二十八条、第二十九条
	《教育部关于鼓励和引导民间资金进入教育领域　促进民办教育健康发展的实施意见》“四、引导民办教育健康发展”之（十六）、（十七）、（十八）
	《国务院办公厅关于加强民办高校规范管理　引导民办高等教育健康发展的通知》第二部分
产权运作	《宪法》第十九条
	《民法通则》第七十八条
	《担保法》第三十七条
	《物权法》第一百八十四条

续表

内容	名称（条款）
产权运作	《教育法》第四十六条、第五十三条、第六十条、第六十二条
	《高等教育法》第六条、第六十条
	《民办教育促进法》第六条、第四十五条、第四十六条、第四十七条、第四十八条、第五十条、第五十三条、第五十四条、第五十五条、第五十九条
	《民办教育促进法实施条例》第三十六条、第四十一条
	《国家中长期教育改革和发展规划纲要（2010—2020年）》第四十三条、第五十六条
	《国家教育事业发展第十二个五年规划》“四、创新国家教育制度”之（四）
	《民办高等学校办学管理若干规定》第八条
	《教育部关于鼓励和引导民间资金进入教育领域　促进民办教育健康发展的实施意见》（一）、（二）、（四）、（九）、（十四）、（十九）
	《国务院办公厅关于加强民办高校规范管理　引导民办高等教育健康发展的通知》第三部分

各地有关民办高校产权管理的法规政策主要体现在产权界定、产权配置、产权监管和产权运作等方面，主要指地方性教育法规和其他相关政策（见表14，条款内容见附录2），例如黑龙江、吉林、内蒙古、陕西、山西、广东、天津、北京、上海、重庆等省（自治区、直辖市）。

表14　各地有关民办高校产权管理的法规政策

内容	名称（条款）
产权界定	《黑龙江省人民政府关于促进民办教育发展的若干意见》第十二条
	《天津市民办教育促进条例》第三十六条

续表

内容	名称（条款）
产权界定	《山西省实施〈中华人民共和国民办教育促进法〉办法》第八条
	《北京市实施〈中华人民共和国民办教育促进法〉办法》第十五条
	《上海市推进民办高等学校落实法人财产权的实施办法》第八条
	《重庆市人民政府关于促进民办教育发展的意见》“二、主要措施”之（一）
产权配置	《黑龙江省人民政府关于促进民办教育发展的若干意见》第五条
	《吉林省促进民办教育发展若干规定》第二十条
产权监管	《黑龙江省人民政府关于促进民办教育发展的若干意见》第二十二条
	《内蒙古自治区实施〈中华人民共和国民办教育促进法〉办法》第六条
	《陕西省民办教育促进条例》第十一条
产权运作	《黑龙江省人民政府关于促进民办教育发展的若干意见》第十五条
	《内蒙古自治区实施〈中华人民共和国民办教育促进法〉办法》第二十七条
	《吉林省促进民办教育发展若干规定》第十三条
	《陕西省民办教育促进条例》第八条
	《广东省实施〈中华人民共和国民办教育促进法〉办法》第二十七条
	《天津市民办教育促进条例》第十五条
	《重庆市人民政府关于促进民办教育发展的意见》“二、主要措施”之（二）

三、产权管理的实践探索

根据国家关于民办高校产权的法律政策精神，各地纷纷开展了产权管理的实践，对举办者出资、办学许可证、注册登记，以及举办者变更等方面实施管理，并进行了一系列改革，探索产权管理的有效措施，取得了成效。

具体而言：首先，在民办高校的注册登记阶段，通过注册资金资质和办学许可证的申请审批，进行资产评估，核实建设用地规划许可证、建设工程规划许可证、建设工程施工许可证，以及土地使用证和房产证等一系列资质，规范举办者办学行为，保障学校的法人财产权；其次，在办学阶段，教育主管机构通过对学校的资产、收益进行监督管理，保障学校有序运行；最后，在民办高校举办者申请变更时，加强学校的资产清算和剩余财产的归属管理。

在注册资金的监管方面，镇江市教育局规定，民办学校的注册资金不得少于 500 万元，并且必须存入审批机关指定的银行。同时，举办者以自有房产、教学设备和土地使用权等方式的出资额，不能超过其注册资金额的 40%，相关手续办理完成后还需到民政、税务等部门办理注册登记。济南市教育局规定，对民办学校注册资金的监管，主要侧重学校自由的房产、校舍和土地使用权，以及学校资金使用情况，尤其是重点监管上述资产的评估价值低于政府规定注册资金下限的民办学校。

在办学许可证行政审批方面，柳州市教育局对举办者申请办学许可证的行政审批要求中，举办者提交包括资产来源、资金数额等载明产权的申请材料。其中，办学许可证的行政审批事项依据《民办教育促进法》第八条和第十一条规定，办理程序依据《民办教育促进法》第十三条、第十六条和第十七条规定，申办条件和申办材料依据《民办教育促进法》第九条、第十条、第十二条、第十四条和第十五条规定。办学许可证的行政审批时间需 15 个工作日，包括教育局在 1 个工作日内受理举办者的申请，然后教育局在 6 个工作日内对申请材料进行初审并现场勘查筹建场地，勘查符合要求后在 6 个工作日内进行审批，审批完成后于 1 个工作日内核发办学许可证，最后在 1 个工作日内完成资料的整理和归档。

在民办高校举办者变更的行政审批方面，北京市东城区教育委员会依据

《民办教育促进法》第五十四条和《民办教育促进法实施条例》第四条至第十条的规定，在接到变更举办者的申请后 2 个工作日内检查申请材料是否符合要求，并于 5 个工作日内完成申请材料的审核工作，然后在 5 个工作日内由业务主管人员再次复核，无疑问后于 4 个工作日内以书面形式告知申请人，最后在 4 个工作日内送达《行政许可决定书》并注销《办学许可证》，整个行政审批流程需 20 个工作日。

特别值得注意的是，根据民办高校相关法规政策，上海市、重庆市和温州市等地积极探索，纷纷出台改进民办高校产权管理的系列政策措施。

上海市将优惠政策与营利性、非营利性挂钩，分类分等，给予扶持。对民办高校的学费使用和政府扶持基金等进行财务监管。通过筹建上海民办教育基金会这一非营利组织来募集资金，管理捐资举办的学校，保证教育的公益性和学校的非营利性。

重庆市实施分类管理，划分为工商注册的营利性民办学校和民政注册的非营利性民办学校。举办者可从学校非限定性收入中的结余部分取得一定比例的合理回报。根据学校的投入情况，按比例给予适当配套补贴。通过教育担保公司，以收费权和办学权质押等方式，为学校提供贷款担保。推动落实法人财产权，对举办者的投入进行专项审计，学校资产分类建账、专项专户管理。

温州市实施“1 + 14”综合改革政策。对民办学校实施分类登记管理，非营利性全日制民办学校登记为民办事业单位法人，可从办学结余中提取部分经费用于奖励出资人，奖金额度不超过出资人累积出资额为基数的银行一年期贷款基准利率的两倍。营利性全日制民办学校登记为企业法人，享有《公司法》规定的相关产权与经济收益；实施非营利性民办学校法人财产权的管理办法，在投融资体制、产权及回报制度等方面进行创新与突破；明确出资财产属于出资人所有，建立健全学校的退出机制。

需要指出的是，民办高校产权管理的改革与创新不仅仅是教育领域的事情，还需要多方配合，协同创新。例如，温州模式在民办高校产权运作，尤其是融资方面采取了教育投资集团，为学校提供担保、低息贷款等，值得借鉴。但是，温州模式在内陆省份能否推广还未知。因为温州市不但承担了民办教育改革的试点工作，更重要的是，温州市也是金融综合改革试验区，出台了一系列与国家政策配套的关于地方金融管理体制、金融综合改革风险防范机制等方面的金融改革实施细则。可以说，温州市模式有自己的优势或者特殊性。各地需要不断总结民办高校产权管理改革的经验，与自身实际情况相结合。

第三节　民办高校产权管理现存问题分析

一、产权管理法规政策的价值基础：保持公益性导向

在民办高校发展过程中，利益格局的多元化和市场的介入，使得教育的公益性成为现实热点问题之一①。保持公益性是民办高校健康发展的内在要求，是民办高校法规政策制定和完善的基本出发点，也是民办高校产权管理的题中之义。改革开放以来，我国实行的是鼓励社会力量通过捐资和集资举办非营利性民办学校的法制②。对于民办高校的公益性，可从以下三个方面去理解。

首先，民办高校发挥教学、科研和社会服务功能，满足了民众接受教育的多元化需求，已经成为我国教育事业改革和发展的重要力量，形成了一批办学水平较高、发展规模较大、实力较强的民办高校。例如，北京城市学院、湖南涉外经济学院、山东英才学院、西安欧亚学校、三亚学院、仰恩大学、

① 劳凯声．面临挑战的教育公益性[J]．教育研究，2003（2）：4.

② 邵金荣．公益组织认定与社会公平正义：构建科学发展民办教育等公益组织和事业的法制[M]．北京：中国社会出版社，2010：11.

黄河科技学院、西京学院、南昌理工学院、浙江树人学院等。2010 年，西安欧亚学院成为国家教育体制改革试点项目民办高校，也是国家教育信息化本科院校信息化试点的民办高校。2011 年，北京城市学院、西京学院、吉林华侨外国语学院、河北传媒学院和黑龙江东方学院等 5 所民办高校首次获得了培养应用型专业硕士的硕士学位授予权，招收专业均为各校优势专业和地区经济发展急需专业。

其次，民办高校的公益性源于我国所有制经济制度和政府对民办教育的法律定位两个方面。一方面，产权制度是法律制度化的产权关系，是所有制的具体内容[①]。我国实行公有制为主体、多种所有制经济共同发展的基本经济制度。《中共中央关于国有企业改革和发展若干重大问题的决定》指出，“在坚持国有、集体等公有制经济为主体的前提下，鼓励和引导个体、私营等非公有制经济的发展。”党的十八大报告指出：要巩固和发展公有制经济，增强国有经济控制力、影响力，鼓励、支持和引导非公有制经济发展。因此，民办教育的首要任务就是为社会主义经济发展和现代化建设服务，这正是公益性的体现。另一方面，保护和扩大社会公共利益是政府最重要的职责之一。政府通过法律手段赋予并保障民办高校的公益性。依照《教育法》第二十五条、《高等教育法》第二十四条和《民办教育促进法》第三条的规定，民办教育事业属于公益性事业，不得以营利为目的举办学校。

最后，民办高校是否以营利为目的，并不取决于学校性质，而是决定于与国家的法律体系和价值选择[②]。一方面，民办高校的公益性和营利性可以同时并存，共同发展。公益性的实现形式可以多样化，营利性只是其中之一，是民办高校发展的一种方式。在公益性和营利性的关系方面，可以秉守公益、鼓励创新、保护投资。在不改变公益性前提下，可以对民办高校产权组合结

① 吴宣恭，等．产权理论比较：马克思主义与西方现代产权学派 [M]. 北京：经济科学出版社，2000：309.

② 柯佑祥．适度盈利与民办高等教育的发展 [M]. 南京：南京师范大学出版社，2003：266.

构进行调整。另一方面，民办高校的公益性导向将为民众服务放在优先位置，但并不反对营利性。“不以营利为目的”的规定并不意味着不能获得利益。在保持公益性和遵守教育法规政策的前提下，可以允许民办高校获取利益并用于学校的发展，同时也能吸引社会资本进入民办教育领域。此外，在保障民办高校法人财产权完整性、维持学校正常运转的前提下，允许举办者可以适时逐步收回投入资本，保护其合法权益。

二、产权界定：法人产权不完整，能否营利和回报办法不规范

民办高校产权界定的关键是学校资产的所有权和收益权。通过访谈，在产权界定方面，民办高校存在的主要问题是法人产权不完整，能否营利和回报办法缺乏规范。

（一）法人产权不完整的成因

从法规政策方面看，《民办教育促进法》第三十五条和第三十六条、《民办高等学校办学管理若干规定》第六条和第七条，明确了学校的法人地位，享有法人财产权并受到严格保护。举办者投入的资产是学校法人财产的组成部分，不再拥有对所投资产的管理权和使用权。

根据问卷调查统计结果，民办高校管理者对“学校对举办者投入资产、国有资产、受赠财产、办学积累享有法人财产权”这一条款的合理性认知上，认为“较合理”的占 45%，“很合理”的占 43.8%。同时，认为这一条款“落实一般”的占 27.5%，“落实较好”的占 37.5%，“落实很好”的占 25%。这表明，保障学校法人财产权的重要性已经成为民办高校管理者的共识。但是，从 27.5% 这一比例来看，学校法人财产权依然存在执行不到位的现象。

从现实情况看，资产过户进展缓慢，法人财产权虚置，主要表现在以下两方面：

一方面，资产过户会增加额外费用负担，手续烦琐。资产规模较大的民办高校，将出让地过户时，短期内无法承担土地增值税、房产税、契税、印花税、资产评估费等税费。学校在办理土地产权证的过程中，涉及国土资源局、地税局等多部门。

民办高校产权管理的核心问题是资产过户、法人财产权、资产抵押。民办学校产权的来源各不相同。一旦界定，学校的法人财产权就明确了。学校在办学过程中如果出现问题，那么政府可以用校产来退学生的学费、偿还债权债务，以及赔偿等。（T 学院 L 董事长）

我们学校是 2012 年新办的民办院校。学校花了 1100 万买了 151 亩地，过户交税 1700 多万。土地证拿下来以后，还要去土地主管部门开证明，从最基层的派出所开始，到国土局，到税务局，非常烦琐。（G 学院 X 副院长）

我们省现在的民办高校大部分都已经进行了资产过户。有少部分学校没有过户，主要由于两方面的原因。一是学校新征的土地还正在办产权证。二是还有一部分土地过户的相关费用太高了，承受不起。比如我们省的近百亩地打算过户到学校名下，交的税费就要几千万，太高了。他们现在积极打报告，希望能够给予一些支持，能减免就减免。（H 省教育厅民教处 G 负责人）

另一方面，举办者和学校法人之间的权责不对等，认识不一致。由于没有明确规定举办者对原始投入资产和资产增值部分所有权的归属，如果学校出现亏损或解散，风险和责任只能由举办者承担。因此，举办者担心资产过户之后，产权归属不清，对资产过户后的相关产权权益持犹豫态度。

对举办者来说，资产过户到学校名下是一个观念问题。把资产全部放到学校名下后，举办者对学校未来的发展或者退出后资产的处理等，可能有所担忧。《民办教育促进法》规定，任何人不得侵占和损害学校存续期间的校

产。当然，如果放到个人名下受到损害后，可能还找不到相关法律法规进行维权。（H 省教育厅民教处 G 负责人）

法人财产权不落实，就会成为影响学校安全稳定和长远发展的非常重要的问题。我们现在一直在落实学校法人财产权。最近我们专门进行培训，所有权已经属于学校，是学校的法人财产权。出资人得到了学校管理的决策权和股权。（C 市教委民办教育处 M 负责人）

对于法人产权不完整问题的解决方法，访谈中的主要观点是：政府应出台措施，减免举办者在资产过户时承担的费用。

在政策方面，我们出台了相关措施。比如 2008 年省委 1 号文件里规定了民办高校在税费和学校建设用地等方面享受与公办学校的同等待遇。2011 年省人民政府办公厅出台了《关于进一步促进民办教育发展若干问题的通知》，对学校税费、土地进行了比较详细的规定，相关规定正在落实中。

举办者进行资产过户之后，政府应该对举办者有所鼓励和支持。比如，过户的时候，税费适当减免。过户以后，进行奖励。从这两个方面采取措施，我觉得未来可能会有越来越多举办者愿意把资产过户到学校名下，减少学校的办学风险。此外，我觉得温州规定举办者投入学校的资产属于举办者个人所有的做法比较合理。（H 省教育厅民教处 G 负责人）

（二）能否营利和回报办法不规范的成因

从法规政策方面看，《民办教育促进法实施条例》第四十四条和第四十五条，允许民办学校从办学结余中取得合理回报，规定了确定取得回报比例的三个因素。但是，取得合理回报有条件限制，没有明确合理回报取得的原则、程序、比例和配套政策，缺乏可操作性。同时，合理回报只是作为“扶持与奖励”的范围，意味着没有承认举办者（出资人）对资产的收益权。此外，《民办非企业单位登记管理暂行条例》第二条和第四条，对民办非企业单位进行界定并规定不得从事营利性活动，但是没有对营利与非营利性作出具体规定。例如，没有明确从事非营利性活动的标准。“民办非企业单位”这一称谓既不与国际接轨，也未能与我国现有法人类型衔接。大陆法系的法人分为社团法人与财团法人。与大陆法系分类不同，英美法系是通过公益信托方式的公益性法人，相当于财团法人。民办学校并非属于《民法通则》中企业、机关、事业单位和社会团体四类法人，而我国现行法律中没有采纳大陆法系公法人与私法人的分类。因此，民办学校的法人定位是模糊不清的，影响了民办学校的权益界定，制约着学校的发展。

根据问卷调查统计结果，民办高校管理者对“民办非企业单位不得从事营利性经营活动”这一条款的合理性认知上，认为“很不合理”和“欠合理”的均达到 12.5%，认为“中立”的占 17.5%，“较合理”和“很合理”的分别占 32.5% 和 25%。同时，认为对这一条款“落实很差”的占 8.1%，“落实欠佳”的占 13.5%，“落实一般”的占 48.6%，“落实较好”的占 23%，“落实很好”的占 6.8%。这表明，在合理性认知上，有 25% 的人认为不合理，57.5% 的人认为合理，民办高校管理者的态度分化明显。在落实情况上，有高达 48.6% 的人认为落实情况一般，说明在现实中，民办高校管理者对此条款的看法并不统一。

从现实情况看，配套措施不完善，主要表现在以下三个方面：

首先，相应的税收优惠政策尚未完全落实，客观上影响举办者（出资人）持续注资的积极性。

《民办教育促进法》出台以后，学校不能营利，只能够作为公益事业来办。虽然营利性学校可以获得合理回报，但是没有相关法律法规的具体规定。（T 学院 L 董事长）

我们省民办高校在办学章程里面直接明确了是否取得合理回报。但是目前相关法律没有规定多少比例属于合理回报。有的学校把部分盈余抽走，或者借贷出去，或者办公司。（H 省教育厅民教处 G 负责人）

目前合理回报的规定，对我来说没有吸引力。拿温州的经验来说，给你高于银行贷款利率的一半，根据你的累积投资总额，按每年给你利息。银行现在资金很紧张，学校贷款的成本还是非常高的。（W 学院 C 董事长助理）

我认为，对于有投资主体的民办高校而言，如果让它没有任何回报的话，会大大挫伤投资人继续投入的积极性，挫伤吸引社会资金来发展民办教育的积极性。（S 学院 W 副校长）

其次，基于目前的政策导向，举办者担心选择合理回报后与非营利性民办高校之间的待遇差别较大、不再享受原有税收优惠政策，同时对能否保持现有规模、良性发展存有顾虑，因而大多选择非营利性，对政策持观望态度。

民办高校在法人定性方面还存在偏差。民办教育是公益性事业，但民办高校法人登记要去教育、民政部门，登记成民办非企业法人，这样的定性与民办高校实际承担的社会责任义务是有偏差的。（H 学院 W 党委书记）

目前，有很多高校打算选择登记为营利性的。如果学校选择登记为营利性民办高校，下一步的政策是什么，学校不明确。如果政府一旦采取另外一个政策，而不是以前给予的优惠政策，学校能不能招到学生，能不能保持现有的规模，能不能良性循环发展，都不一定。（X 学院 Z 党委书记）

民办学校要旗帜鲜明地提出营利性是需要非常大的勇气的。如果选择营利性，政府的监管力度就会加大，相关部门会将学校完全等同于私营企业，那么一些政策优惠就没有了。此外，学生和家长会认为营利性的民办学校的收费就是为了赚钱，老师会认为自己就是来学校打工的。这会让营利性民办高校会处于一个非常尴尬的境地。（Z 学院 S 校长助理）

我们学校是个人独资举办，建校初期买了 216 亩土地，整个校舍都是举办者自己全资投入，还有银行贷款修建起来的。目前学校申报的是非营利性民办高校。可能所有的民办院校在选择这个时候都会选择非营利性，等待政府的下一步政策。（C 学院 C 院长助理）

最后，民办非企业单位的法人属性与民办高校现实情况不匹配。在会计核算上，除捐资举办的民办高校外，其他出资方式举办的民办高校并不适用《民间非营利组织会计制度》第二条款，缺乏取得合理回报的会计处理依据。

从目前情况看，绝大多数民办高校不赞同“民办非企业单位法人”的定位，企业就是企业、事业就是事业。现在的身份定位跟很多法律相抵触，界限不清，遇到很多问题。所以大家基本认为这个政策是不合适的。此外，民办学校执行的会计制度也遇到问题。民办高校现在既没有完全按照事业单位的会计制度，也没有完全按照企业的会计制度，存在需要研讨和调整的必要性。（S 学院 W 副校长）

我们学校目前是自觉按照事业单位的会计制度执行，但是税务部门等其他部门把你按照企业来看待。比如，我们学校的征地是按照企业征税，很多政策享受不到，这样对学校的发展不利。（S 学院 W 副院长）

《民办教育促进法》里边有合理回报，民办非企业单位是不要求合理回报的，它的整个会计核算办法是按照不能获取回报的方式进行核算。如果《民办教育促进法》落实好，取得合理回报的民办学校还得有相应的核算办法，否则那个会计制度和办法就不行。（W 市教育局民教处 W 负责人）

对于能否营利和回报不规范问题的解决方法，访谈中的主要观点是：细化《民办教育促进法》中合理回报部分的规定，根据民办学校的不同类型，有针对性地采取适宜的计量方式和标准。同时，对民办高校采取明确的分类管理，避免出现民办非企业这种“四不像”的尴尬身份定位。

《民办教育促进法》中对合理回报比例的具体操作没有规定。这就是目前操作困难而且执行不好的原因。出台新的补充和完善的政策，我觉得这是必要的。民办高校取得合理回报，必须掌握好尺度。在确保学校办学比较好的情况下，适当给予回报。但是一定要对产权收益界定清楚，合理回报的取得按照投资额和比例计算。（S 学院 W 副院长）

明晰产权、分级管理是非常重要的。我认为，应该对民办高校进行分层管理，并尽快出台办法，对各种不同类型和不同资产性质的民办学校来加强管理，逐步地民办学校会走上正轨。如果学校是公益性的，就按照事业单位来管理。公益性的资产，通过政策和滚动发展的这种资产，包括办学积累在内，可以作为学校的公益性资产用于学校的发展，而不能取得回报。如果是营利性民办高校，就按照企业管理。企业的管理方式和事业的管理方式，目前我们国家对企业和事业单位的管理方式相对来说是比较完善的，有现成的办法。但像民办非企业单位，没有处理办法和政策措施，形成很多真空，于是很多问题就出来了。（S 学院 W 副院长）

可以看出，在民办高校举办者进行产权的初始界定或行使产权权益之前，并没有考虑到对资产进行界定，或者因为初期资产量较小而认为无须作为一种权利明确提出，以至于后期随着学校的发展，对资产界定的权益诉求日益增强。这种情况对于滚动发展型民办高校尤其明显。此外，产权界定直接影响举办者取得合理回报的态度，明晰的产权界定有利于对学校资产归属的明确认定。只要民办高校举办者产权界定能够依法得到保护，产权归属也就随之合理分配，举办者对是否取得合理回报也变得易于选择。

三、产权配置：内部治理结构不完善，举办者管理能力欠缺

民办高校产权配置的关键是学校内部经营与管理的控制权。通过访谈，在产权配置方面，民办高校存在的主要问题是学校内部治理结构不完善，举办者管理能力欠缺。

（一）内部治理结构不完善的成因

从法规政策方面看，《民办教育促进法实施条例》第九条，规定了举办者应当依据学校章程规定的权限与程序，参与学校的办学和管理活动。但是，目前民办高校内部管理缺乏有效的权力制衡机制，部分学校举办者既是办学者也是管理者，权力高度集中。

从现实情况看，董事会领导下的校长负责制未能切实贯彻落实。董事会的议事规则和监督约束制度不完善，存在举办者掌握实质上的决策权和控制权的现象。校长在学校管理理念和管理方式上与举办者发生分歧时，不能充分行使其教育教学和行政管理职权。

很多民办高校都有投资主体，有些是独资，有些是合资。一般来说，在有投资主体的民办高校里，校长的行政管理权是受到制约的。虽然也是实行董事会领导下的校长负责制，但实际上是董事长说了算，投资人说了算。我认为这是普遍的问题。我们学校的领导班子、师资队伍相对稳定，一般不会换得很频繁。而在有投资主体的学校，学校的领导班子，特别是校长与投资人经常出现办学思想不一致和管理方式不一致的现象。由此，要么投资人不满意，不让校长干了，要么校长自己不愿意干了。这种情况经常发生。（S 学院 W 副院长）

对于内部治理结构不完善问题的解决方法，访谈中的主要观点是：健全民办高校内部管理制度，优化内部治理结构。

我们完全是按现代大学制度来管理的。学校的法人治理结构规范合理，实行理事会领导下的校长负责制。党委领导教代会，教代会由全体教职工选举产生。学校的党委和教代会起保障作用。在程序上，首先，教代会全体代表无记名推荐校长和副校长候选人，包括理事会的候选人，理事会也是由教代会推荐的。随后，理事会的理事举行全体会议，选举产生理事会的理事长和副理事长。理事会确定校长和副校长的人选并聘任校长。副校长是在教代会代表推荐的基础上，理事会研究同意，由校长聘任。最后，校长聘任中层干部和二级学院院长，进而二级学院院长确定教职工聘任人选并由校长聘任。校长和副校长年终在教代会上报告工作，教代会民主测评校长和副校长，并进行学校财务和收支情况的报告。（S 学院 W 副院长）

（二）举办者管理能力欠缺的成因

在举办者管理能力方面，部分举办者过多依赖既有经验，对学校管理层提出的意见和建议并未及时关注和有效采纳，其管理能力有待提高。

我们学校是理事会领导下的校长负责制。重要问题在院长办公会上研究。我去了之后，每两周召开一次院务会议，党委书记也参加。我们省教工委有要求，书记是理事会成员。所以理事会在决策的时候，党组织的主要领导也参与。此外，民办高校现在良莠不齐、参差不等。其中一个重要原因是学校的举办者对于办学管理不熟悉。校外聘请的学校行政管理者提出了很多建议，但问题是举办者想不想用，想不想规范化。（X 学院 Z 党委书记）

对于举办者管理能力欠缺问题的解决方法，访谈中的主要观点是：落实董事会领导下的校长负责制，尤其是董事长与校长之间的权、责、利的明确分工。

学校法人治理结构完善、办学行为规范，很重要的就是落实董事会领导下的校长负责制，要处理好校长与董事长、校务会与董事会之间的关系。不能董事长一个人说了算。董事会负责筹钱、制定学校年度发展规划和财务预算。在此基础上，校长去执行董事会的预算和规划。董事会只管校长对于年度规划和预算的执行情况，其他的人、财、物的权力不要过多监管。（H省教育厅民教处G负责人）

不难看出，举办者对校长的过多干预会影响其积极性，而监督过少又会使举办者对校长失去足够的信任。因此，必须从民办高校内部管理制度建设入手，由以家长式、经验型的传统管理模式向科学化、规范化的现代管理模式转变；必须健全议事规则和决策权分配等管理制度并落到实处，提高举办者的整体管理能力水平；必须发挥校长管理上的专业优势，举办者给予足够信任。

四、产权监管：监管职能分散，资产财务制度不健全

民办高校产权监管的关键是教育行政部门对学校资产财务等方面的监督。通过访谈，在产权监管方面，民办高校存在的主要问题是教育行政部门的监管职能分散，学校资产财务制度不健全。

（一）监管职能分散的成因

从法规政策方面看，《民办教育促进法》第七条和第八条、《民办高等学校办学管理若干规定》第四条以及《民办教育促进法实施条例》第三十二条和三十六条，对教育行政部门及其他相关部门监督和管理的职责范围仅作了原则性规定，未明确在学校资产财务等方面上的相互关系和监管内容。目前，在国家行政部门中，教育部发展规划司下的民教处负责全国民办教育工作。省级民办教育管理机构有三种模式。一是单独设立民办教育处，全面负责省内民办教育工作，例如湖南省、陕西省、贵州省、安徽省等。二是由各省教育管理部门相关处室分管民办教育工作，例如河北省教育厅发展规划处、政

策法规处和高等教育处，分别负责审核民办学校的设置和调整、政策法规、指导民办学校工作等。三是挂靠在省教育部门的政策法规处，例如广东省教育厅政策法规处承担民办教育的统筹管理、综合协调有关工作。

根据问卷调查统计结果，民办高校管理者对“国家保障民办学校举办者、校长、教职工和受教育者的合法权益”这一条款的合理性认知上，认为“很合理”的占 81.3%。同时，认为民办高校对这一条款“落实很差”和“落实欠佳”的均占 20.8%，“落实一般”的占 23.4%，“落实较好”的占 24.7%，“落实很好”的占 10.4%。这表明，政府在保障举办者、校长等群体的合法权益方面还需要做进一步的努力。

从现实情况看，民办高校的管理分属发展规划、政策法规等多个部门，没有明确要求单独设立民办教育的综合协调与管理部门，因而各地民办教育机构的设置和职能并不统一。同时，除了教育行政部门以外，民办高校管理工作还涉及工商、税务、财政、审计等诸多部门，职能部门间缺乏协调，政府的统筹规划和综合管理作用难以完全落实。

政府对民办高校资产和财务的监管比较薄弱。《民办教育促进法》没有明确规定监管部门和职责。（H 省教育厅民教处 G 负责人）

现在的民办教育是按照公办教育的管理模式，存在监管机构多头管理的现象。有的省市成立了民办教育处，但有些在发展规划处、政策法规处，没有民办教育的专门管理机构统筹管理。（C 市教委民办教育处 M 负责人）

（二）资产财务制度不健全的成因

从法规政策看，《教育法》第六十三条、《高等教育法》第六十五条、《民办教育促进法》第三十八条，以及《民办高等学校办学管理若干规定》第二十三条、二十八条和二十九条，规定了教育行政部门对学校财务资产的监督和审计要求，民办高校按规定提交年度自查报告、财务审计报告等。

从现实情况看，由于民办高校法人属性问题，教育行政部门无法采用统一明确的会计制度和审计制度监管学校的实际运转情况。在对学校的年审中，部分学校虚报数据、财务管理制度不严格，学费等收入没有进行专项账户管理，会计人员不具备会计从业资质。

民办高校的法人属性不明是不能有效监管的原因。因为它既不是企业，也不是事业单位，不能用企业或事业单位的方式去监管。同时，国家在政策上没有专门的会计制度和审计制度来监督民办非企业单位，所以我们也很难掌握学校的真实情况。虽然每年政府会对民办高校进行评估，但是学校运作的资金流量很大，我们不可能去核对每一项票据，只是从学校账面上审查收支平衡情况。（H 省教育厅民教处 G 负责人）

在审查过程中，我们发现部分民办高校的会计人员基本上都是学校举办者的亲属，甚至有些会计人员没有会计从业资格。部分民办学校的财务管理没有公办学校严格，存在账账不符、账物不符、打白条报账等现象。有的学校没有将学费收入存在教育部备案的专项账户上，而是把钱存到个人账户吃利息，或者用来办公司、对外借款等。（H 省教育厅民教处 G 负责人）

目前，对于民办高校在办学层面、专业设置、招生等方面的监管很规范。但是由于民办高校每年的资产财务信息报送都是学校自己报送，里面也有不真实的信息。而审计是从财务账面进行，目前还没有监管起来，主要依靠学校的自我监督。（X 学院 Z 党委书记）

对于资产财务制度不健全问题，教育行政部门应重点监管学校的学费收入使用情况，落实学费收入的专项账户管理。

举办者投入学校的资产和每年学杂费收入应该分开建账。政府部门重点监管学杂费收入的使用、核进、核出，而举办者投入资金、设备等如何使用，属于他的办学自主权。民办学校是教育改革的重要力量。我们不可能也不会对民办高校进行全部监管，那样民办高校跟公办学校没有差别，也无法进行改革。所以政府在制定会计制度和审计制度时，也要考虑这方面的因素，有所侧重。（H 省教育厅民教处 G 负责人）

可以看出，教育行政部门对民办高校资产财务的监管，应该突出重点，实施过程管理，完善资产财务监管制度，规范民办高校的办学行为。

五、产权运作：筹融资渠道不畅，转让退出机制缺失

民办高校产权运作的关键是对学校资产的处置权。通过访谈，笔者发现在产权运作方面，民办高校存在的主要问题是学校筹融资渠道不畅，转让退出机制缺失。

（一）筹融资渠道不畅的成因

从法规政策方面看，《担保法》第三十七条和《物权法》第一百八十四条，规定学校的教育设施以及所有权和使用权不明确或有争议的财产不能进行抵押，增加了民办高校融资的难度。此外，《教育法》第六十二条、《高等教育法》第六十条、《民办教育促进法》第四十七条和第四十八条、《民办教育促进法实施条例》第三十八条和第四十一条，规定了国家鼓励运用金融和信贷手段支持民办教育的发展，政府通过税收优惠和设立专项资金支持学校发展。但是，这些规定大都停留在原则性层面。例如，取得合理回报和不取得不合理回报两种选择的政策差别模糊化，相应的税收优惠政策缺乏具体的可操作性，尚未出台具体措施。

根据问卷调查统计结果，民办高校管理者对“要求取得合理回报的民办学校享受的税收优惠政策由有关部门制定”这一条款的合理性认知上，认为“较合理”的占 40.5%，“很合理”的占 36.7%。同时，认为对这一条款“落

实很差”的占26.4%，“落实欠佳”的占22.2%，“落实一般”的占34.7%。这表明，税收优惠政策规定并未完全落实。

从现实情况看，民办高校，尤其是依靠学费收入滚动发展的学校，筹融资困难。《担保法》和《物权法》的规定，学校不能使用学校资产进行抵押贷款。办学较好、信誉较高的民办高校，往往获得少量的短期贷款，而以学费收入或非教学设施进行质押或抵押的情况并不多见。此外，通过借款等方式融资的学校，如果出现资金短缺的情况，办学风险就会增大。

民办高校在前期主要是滚动发展。建校十年之内的，主要以投入为主。学校运转下去的话，需要通过财产来运作资金。归到学校的财产是公益资产，不能抵押。在这样的情况下，资产过户后的学校只能小规模缓慢发展。我们学校就是滚动发展起来的，现在有一千多亩地，资产几个亿。但是滚到现在就不能大踏步地往前走了，只能靠自有资金。（T学院L董事长）

民办高校贷款融资很难。现在对民办高校贷款的限制比较多，银行不敢贷，学校不具备抵押资格。融资困难限制了民办高校的发展。（S学院W副校长）

目前我省很多学校的融资方式是银行抵押。一种是把土地和房产抵押给银行，但不是那么容易。有些是划拨土地，不能抵押，但可以出让。另一种是借款。比如，今年学校大规模建设需要资金流转，于是学校先让基建公司垫资，然后逐步通过学费归还。这种借款方式有很大办学风险。因为学校对招生人数不可控，所以当学校没有能力还钱时，银行就监管学校账户用于还债，于是学校没有办学资金了，运作就很困难了，对学校稳定和办学都是很大的隐患。（H省教育厅民教处G负责人）

对于筹融资渠道不畅问题的解决办法，访谈中的主要观点是：政府部门出台措施，允许民办高校有条件地运用校产向银行等金融机构进行抵押贷款，学校可以通过开办营利性企业获取的收益补充学校办学经费的不足。此外，政府可以牵线成立投资担保集团，为民办高校提供经费担保贷款。

民办高校的资产，是公益性资产。但允许银行给予条件进行抵押，可以贷钱，这个路要开。抵押的具体条件是银行的事情。国务院要拿出方案来。（T 学院 L 董事长）

如果学校是事业性的，可以按照信用贷款方式。如果学校是企业性的，可以用抵押的方式。实际上，银行对高校的贷款和高校的信誉，一般是认可的。特别是对办学较好的高校，银行按照一定信誉度，给予学校贷款。（S 学院 W 副校长）

从法律上可以规定民办高校开办营利性企业，前提是企业将全部收益继续用于学校的发展。这样做不仅没问题，还要鼓励。因为学校每年维持运转和进行建设，需要很大的投入。如果仅凭学费收入，遇到生源下降，那么学校的规划和建设就会受到影响。按照上面的想法，学校就会有一个固定的资金来源，我觉得这是一个很好的机制，可以讨论和研究一下。（H 省教育厅民教处 G 负责人）

政府帮助、扶持民办学校融资，温州的方式值得借鉴，成立教育投资集团，提供担保、低息贷款、贴息。政府号召一些有识之士，特别是本省培养的一些企业家进行捐赠，成立基金会。如果学校有资金需求，基金会可以快速提供低利息的贷款，用于学校发展和建设，后续学校逐步还贷。（H 省教育厅民教处 G 负责人）

（二）转让退出机制缺失的成因

从法规政策方面看，《民办教育促进法》第五十三条、第五十四条和第五十六条，仅对民办学校的分立、合并、举办者变更、终止进行了原则性规定，但该法第五十八条和第五十九条，对学校终止时清产核资后的剩余财产归属问题，却没有明确规定处理办法，缺乏可操作性的法律依据。

根据问卷调查统计结果，民办高校管理者对“举办者的变更，须由举办者提出，在财务清算后，经学校董事会或理事会同意，报审批机关核准”这一条款的合理性认知上，认为“较合理”的占 37.5%，“很合理”的占 56.3%。同时，认为这一条款“落实很差”的占 4.2%，“落实欠佳”的占 9.9%，“落实一般”的占 35.2%，“落实较好”的占 31%，“落实很好”的占 19.7%。这表明，民办高校管理者对于政府规范举办者的变更持肯定态度。同时，民办高校管理者对落实情况满意的约占半数，但仍有高达 35.2% 的比例认为落实情况一般。这表明，在实际执行过程中，规定的可操作性存在问题。

从现实情况看，民办高校管理者对于产权变更和转让持肯定态度，但是举办者退出机制的可操作性不强，尤其是剩余财产的分配问题。

在政策上，产权变更、转让是可以的。变更举办者之前要清查好债务、会计和审计，按照《民办教育促进法》的规定一步步来。（H 省教育厅民教处 G 负责人）

对于长期滚动发展的学校，举办者和出资人所投资产属于他的私有财产，这部分可以转让、继承的。我觉得从政策讲，是可以的。（S 学院 W 副校长）

举办者投资以后，如果学校不存在了，那学校的资产归谁，他的投资怎么处理？我们现在是在发展过程当中，只是来管好学校，对于退出机制还需要进一步解释。（G 省教育厅民教处 S 负责人）

民办高校的退出需要法律依据。如果学校生源减少，举办者退出，这些校产如何处理？（Y 学院 Y 院长）

我们的民办教育是在特定的历史条件下发展形成起来的。对愿意退出来的，要有明确的科学补偿机制，但是现在还没有稳妥的解决方式。（W 学院 Z 党委书记）

我很关心退出机制的问题。如果民办学校的举办人退出办学第一线，学校的资产怎么办？（S 市民办教育管理处 W 负责人）

不难看出，民办高校退出机制缺失，政策支持资助有限。由于现有法律政策的制约，最需要资金发展且又没有合适抵押物的民办高校，往往由于贷款无门而经常陷入办学经费紧张的困境。通过银行来融资比较困难，这种情况短期内难以得到有效解决。

综上所述，民办高校产权方面一些比较突出的问题有待解决，国家层面的民办教育法律法规中相关条款有待细化。产权不明、属性不清，影响学校正常运作，妨害公益性，遗患无穷。在坚持公益导向、尊重举办者合理诉求的前提下，民办高校产权管理要以产权界定为基础、产权配置为核心、产权监管为手段、产权运作为保障，统筹优化管理方式，促进民办高校整体水平和质量提升。

第三章

民办高校产权管理的调查分析

本章立足于民办高校产权发展历程和产权管理现状，从产权界定、产权配置、产权监管和产权运作等四个维度，提出研究假设，对全国24省、自治区、直辖市的120位民办高校管理者进行产权管理和法律政策的问卷调查，在此基础上，对调查数据进行了信度和效度分析、描述性分析、差异分析和回归分析，验证研究假设并对调查结果进行了总结和讨论。问卷调查结果显示：民办高校管理者对产权管理的重要性已达成共识，但对产权管理现状不满意。不同类型的民办高校管理者在产权管理重要性与现实符合度方面的认识存在差异。

第一节　调查设计

为了掌握我国民办高校产权管理的基本情况，本书设计了民办高校产权管理问卷调查方案，主要包括研究假设、研究工具、研究对象和研究方法等四个方面的内容。

一、基本假设

根据民办高校产权管理的分析理路，结合我国民办高校发展历程和产权管理现状，提出以下研究假设：

假设1：在民办高校产权管理重要性认知中，四个维度之间存在正相关。

假设2：民办高校产权利益相关者等不同群体在重要性认知方面存在差异。

假设3：在民办高校产权管理现实符合度评价中，四个维度之间存在正相关。

假设4：民办高校产权利益相关者等不同群体在现实符合度评价方面存在差异。

假设 5：民办高校的产权界定、产权配置和产权监管对产权运作有正向影响。

二、调查工具

在已有的文献资料中，有关民办高校产权管理的调查问卷较少，主要涉及法人产权方面，尚无产权管理的调查量表。本书中自编问卷《民办高校产权管理调查问卷》（见附录 3）共有三部分内容。第一部分是基本信息，包括调查对象的背景资料（性别、年龄、职务、任职年限、最高学历）和民办高校的基本情况（学校位置、办学层次、创办时间、办学形式、出资方式），共 10 个项目。第二部分是《民办高校产权管理量表》，包括民办高校管理者对产权管理重要性认知及其对现实符合度的判断，共 21 个项目。第三部分是《民办高校产权管理法律政策量表》，包括民办高校管理者对产权管理法律政策的合理性及其落实情况的判断，共 9 个项目。

调查问卷采用李克特式五点量表，分别对第二部分和第三部分进行双重评价。在《民办高校产权管理量表》中，首先对每一项目进行从“1 非常不重要”到“5 非常重要”的重要性评价，然后再对该项目进行从“1 非常不符合”到“5 非常符合”的现实情况评价。同样地，在《民办高校产权管理法律政策量表》中，首先对每一项目进行从“1 很不合理”到“5 很合理”的合理性评价，然后再对该题项进行从“1 很差”到“5 很好”的落实情况评价。

《民办高校产权管理量表》的结构和内容是依据产权理论并结合对民办高校产权文献资料的研究而设计的，并且产权管理的重要性认知属于民办高校管理者的主观满意度测试。因此，根据问卷编制和研究需要，以重要性认知为依据来划分量表的维度结构。此外，《民办高校产权管理法律政策量表》中的项目内容，是从《民办教育促进法》及其实施条例等与产权管理相关的法律政策中挑选出的 9 项条款（见附录 2），目的是了解民办高校管理者对产权管理法律政策的基本态度和主观倾向，因而调查结果将在下一章中进行分析。在不改变法律政策条款原意的前提下，部分条款的表述略有简化。

三、调查对象

2012 年 12 月，教育部发展规划司与国家教育行政学院、北京师范大学联合举办第一期全国民办教育创新与发展专题研究班。本书以该研究班来自全国 24 个省、自治区和直辖市的 120 名学员为调查对象，包括 19 名省级教育行政部门民办教育工作的负责人，31 名民办本科院校负责人，以及 70 名民办专科院校和民办高职院校负责人。调查采取现场发放填写、完毕后及时收回的方式，共计回收问卷 118 份。在剔除无效问卷后，有效问卷共计 81 份[①]，问卷回收率 98.3%，问卷有效率 67.5%。

四、调查方法

问卷调查前，调查人员明确问卷发放的指导语和填写要求，熟悉问卷的内容和结构，避免出现影响民办高校管理者理解和答题的倾向性和引导性的行为和语言。问卷填写过程中，调查人员向民办高校管理者说明调查目的、填写注意事项以及不要遗漏填写项目，提高其对问卷调查的重视程度，保证填写质量。问卷回收后，对不同类型民办高校管理者的问卷分类编号，数据进行统一编码，由数据录入公司负责录入数据，对录入结果进行逻辑检查，剔除无效问卷。最后，使用 SPSS20.0 软件对数据进行统计分析和处理，主要包括对调查数据的信度分析、效度分析、描述性分析、差异分析和回归分析等。

---

① 在回收的调查问卷中，教育行政部门负责人的有效问卷仅 2 份，不再单列分析。通过对教育行政部门负责人访谈，补充此类群体的立场观点。

第二节 数据与结果

本书将量表分为产权界定、产权配置、产权监管、产权运作四个维度，分析了不同群体、民办高校产权管理重要性认知、现实符合度的基本情况，比较了不同群体在四个维度上对于产权管理重要性认知、现实符合度方面以及两者之间的相关情况和差异情况，并对产权管理的重要性认知、现实符合度，以及法律政策的合理性认知与产权管理重要性认知等方面进行了多元回归分析。

一、信度分析和效度分析

（一）统计分析适切性较好，符合研究设计

因素分析能求出量表的建构效度。在因素分析中，如果得到的共同因素能够与理论基础或理论分析具有内在一致性，则此量表具有很好的建构效度。这种因素分析方法属于探索性因素分析，其目的在于找出量表的潜在结构，减少不适合的项目，使其变为一组较少而彼此相关程度较高的变量。因此，《民办高校产权管理量表》的效度采取探索性因素分析，提取方法为主成分分析法，转轴法采用最大方差法，因素分析的筛选原则结合 Kaiser 特征值大于 1 的方法、限定抽取共同因素法和碎石图检验法，以 KMO（Kaiser-Meyer-Olkinmeasure of samlpling adequscy）统计量和 Bartlett 球形检验（Bartlett's test of sphericity）、解释的总方差、旋转成分矩阵等指标综合判定因素分析效果。KMO 指标值的判断标准为：当 KMO 值小于 0.50 时，不适合进行因素分析；当 KMO 值大于 0.60 时，可以进行因素分析，因素分析适

切性普通；当 KMO 值大于 0.70 时，因素分析适切性适中[①]。

《民办高校产权管理量表》一共进行了四次探索性因素分析（见表 15）。在第一次因素分析中，民办高校产权管理重要性的 KMO 值为 0.777，因素分析适切性适中，变量间具有共同因素存在。Bartlett 球形度检验的卡方值 x^2 为 970.669，自由度 df 为 300，显著性水平 Sig. 为 0.000，适合进行因素分析。进而，通过主成分提取，采用具有 Kaiser 标准化的正交旋转，迭代 33 次后收敛，得到了 7 个共同因素，可以解释的总方差为 70.732%。但在旋转成分矩阵中，因素结构不合理，部分因素项目较少，所含项目的同质性不高，无法显示共同因素所代表的意义。因此，按照民办高校产权管理理论分析框架和研究设计，采用限定抽取 4 个因素的方式进行第二次因素分析。结果显示，KMO 和 Bartlett 球形度检验与之前一致，迭代 6 次后收敛，可以解释的总方差为 57.557%。在旋转成分矩阵中，因素结构也不合理，部分因素所含项目分歧较大，共同因素无法命名。于是，根据共同因素的符合程度，逐一删除前两次因素分析旋转成分矩阵中同质性不高的 4 个项目，最终保留了 21 个项目。在第三次因素分析中，民办高校产权管理重要性的 KMO 值为 0.781，Bartlett 球形度检验的卡方值 x^2 为 829.399，自由度 df 为 210，显著性水平 Sig. 为 0.000，适合进行因素分析。通过主成分提取，采用具有 Kaiser 标准化的正交旋转，迭代 8 次后收敛，得到了 5 个共同因素，可以解释的总方差为 67.217%。但在旋转成分矩阵中，因素结构不合理，原因与第一次因素分析情况相同。因此，根据问卷编制的理论架构加以限定因素抽取的数目，采用限定抽取 4 个因素的方式进行第四次因素分析。结果显示，KMO 和 Bartlett 球形度检验值与第三次因素分析结果一致，迭代 6 次后收敛，可以解释的总方差为 61.776%。在旋转矩阵中，因素结构合理，4 个共同因素所含项目数适中，项目间的同质性高，碎石图显示提取的 4 个因素的统计分析适切性较好，符合研究设计（见图 5）。

---

① 吴明隆．问卷统计分析实务：SPSS 操作与应用 [M]．重庆：重庆大学出版社，2010：208.

表15 《民办高校产权管理量表》效度分析过程

序列	项目数	筛选原则	KMO 和 Bartlett 检验	累计解释的总方差	旋转成分矩阵	适切性
第一次	25	特征值大于 17 个因素	KMO=0.777（Sig.=0.000）	70.732%	因素结构不合理	不理想
第二次	25	限定抽取 4 个因素	KMO=0.777（Sig.=0.000）	57.557%	因素结构不合理	不理想
第三次	21	特征值大于 15 个因素	KMO=0.781（Sig.=0.000）	67.217%	因素结构不合理	不理想
第四次	21	限定抽取 4 个因素	KMO=0.781（Sig.=0.000）	61.776%	因素结构合理	适用
提取方法：主成分分析						

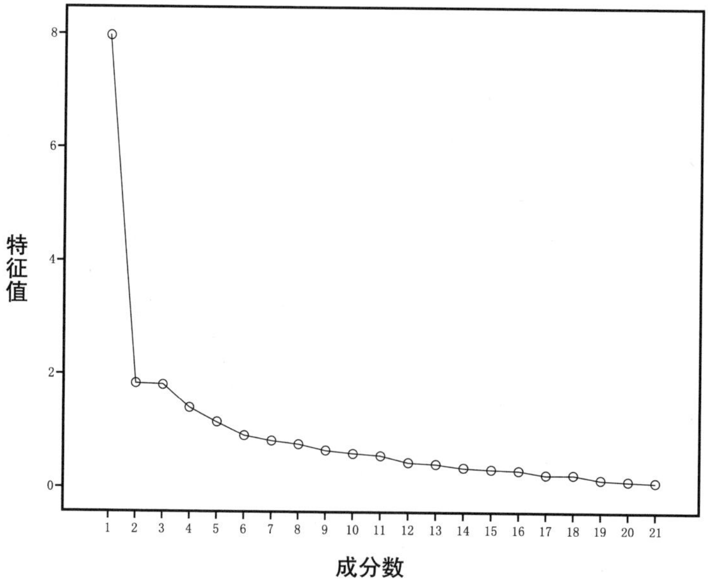

图5 《民办高校产权管理量表》碎石图

于是，将这4个因素分别命名为“F1-产权运作”“F2-产权界定”“F3-产权配置”和“F4-产权监管”。其中，“产权运作”有6个项目（a16—a21），因素负荷量在0.580—0.802之间，包括财务清算后的剩余财产分配比例和方法、产权优惠政策、财产作价依据和债权债务处理办法、举办者退出机制、民办高校筹融资方式、金融机构信贷支持力度等内容；“产权界定”有9个项目（a1-a9），因素负荷量在0.427—0.729之间，包括民办高校法人财产权、资产过户的税费和手续、举办者原始投入的界定及其无形资产评估、资产增值部分归属、合理回报比例等内容；“产权配置”有3个项目（a10—a12），因素负荷量在0.735—0.772之间，包括举办者在董事会或理事会中的权力、校长教育教学和行政管理职权的行使，以及出资人和校长之间的相互信任等内容；“产权监管”有3个项目（a13—a15），因素负荷量在0.511—0.850之间，包括教育行政部门和社会力量对民办高校产权的监管、出资人产权转让等适用条件和执行的政策规定等内容（见表16）。

表16 《民办高校产权管理量表》效度分析结果

项目	F1	F2	F3	F4
a19. 学校财产作价依据和债权、债务处理办法完善	0.802	0.175	0.053	0.178
a21. 金融机构信贷支持力度充分	0.785	0.112	0.075	0.027
a18. 举办者的退出机制明确	0.776	0.166	0.090	0.220
a20. 民办高校筹融资方式多样	0.702	0.082	0.193	0.205
a16. 财务清算后，剩余财产的分配比例和方法明确	0.624	0.292	0.450	0.164
a17. 民办高校产权优惠政策有明确统一的规定	0.580	0.360	0.202	0.232
a9. 学校存续过程中，资产增值部分的归属清晰	0.577	0.427	0.271	0.075
a2. 资产过户手续简便	0.371	0.729	0.074	—0.022
a7. 举办者无形资产占其出资总额的比例限定明确	—0.093	0.722	—0.018	0.279
a3. 资产过户税费合理	0.326	0.673	0.131	—0.108

续表

项目	F1	F2	F3	F4
a6. 举办者无形资产价值易于评估	0.281	0.651	—0.085	0.457
a8. 办学结余中，合理回报比例的确定原则易于操作	0.475	0.615	0.079	0.121
a4. 举办者原始投入资产的权益保障政策明确	0.196	0.562	0.358	0.011
a5. 滚动发展的学校创办人的产权界定清晰	0.061	0.497	0.477	—0.008
a1. 将资产过户到学校名下，确立法人财产权	0.085	0.489	0.219	0.073
a12. 校长受董事会或理事会干预较少，独立行使教育教学和行政管理职权的权益能够得到保障	0.175	0.062	0.772	0.110
a11. 出资人信任学校管理层，充分赋予自主权	0.084	0.054	0.770	0.063
a10. 举办者在董事会中的权力适度	0.159	0.221	0.735	0.107
a14. 社会力量对民办高校产权监督和制约有效	0.157	0.045	0.202	0.850
a13. 公共财政资金投入较多的学校中，已有教育行政部门委派的独立董事或独立理事参与管理	0.277	0.121	0.028	0.803
a15. 对出资人产权的转让、继承、赠予的条件和执行，已有规定	0.401	0.141	0.432	0.511
转轴后的特征值	4.345	3.677	2.767	2.184
方差解释率（%）	20.693	17.509	13.175	10.399
累计方差解释率（%）	20.693	38.202	51.376	61.776

同样地，经过探索性因素分析，《民办高校产权管理法律政策量表》合理性的 KMO 值为 0.629，Bartlett 球形度检验的卡方值 x^2 为 122.223，自由度 df 为 36，显著性水平 Sig. 为 0.000，可以进行因素分析（见表 17）。通过主成分提取，采用具有 Kaiser 标准化的正交旋转，迭代 5 次后收敛，得到了 3 个共同因素，可以解释的总方差为 59.685%。在旋转成分矩阵中，因素结构合理，3 个共同因素所含项目数适中，同质性高，符合研究设计，且碎石图显示提取的 3 个因素的统计分析适切性较好（见图 7）。因此，将这 3 个因素分

别命名为“F1-产权运作”“F2-产权界定”“F3-产权监管”。其中，“产权运作”有4个项目（b4、b5、b6、b9），因素负荷量在0.598—0.774之间，包括产权转让、举办者的变更、税收优惠政策的制定、产权利益相关者合法权益的保障等内容；“产权界定”有3个项目（b1—b3），因素负荷量在0.620—0.800之间，包括学校终止后资产清偿顺序、学校法人财产权、税收优惠政策的落实等内容；“产权监管”有2个项目（b7、b8），因素负荷量为0.768和0.848，包括民办非企业单位办学性质和办学资金等内容（见表18）。

表17　《民办高校产权管理法律政策量表》KMO和Bartlett检验

取样足够度的 Kaiser-Meyer-Olkin 度量		0.629
Bartlett 的球形度检验	近似卡方	122.223
	df	36
	Sig.	0.000

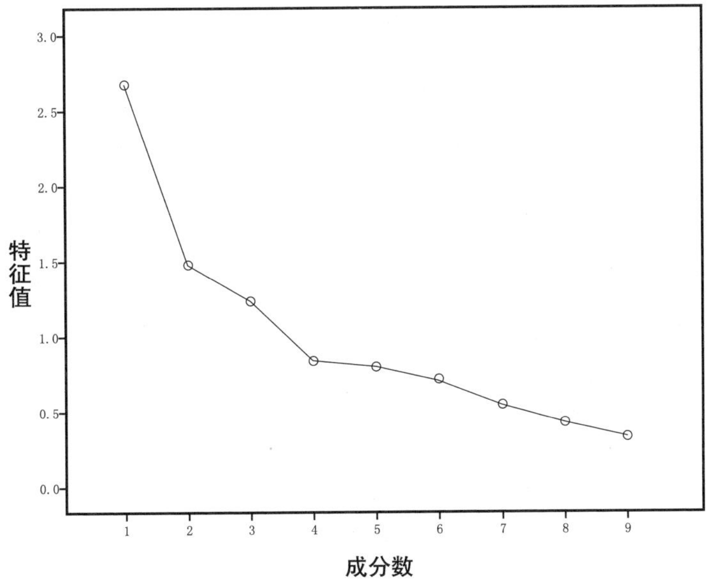

图6　《民办高校产权管理法律政策量表》碎石图

表18 《民办高校产权管理法律政策量表》效度分析结果

项目	F1	F2	F3
b9. 按份共有财产的共有人，有权将自己的份额分出或转让。其他共有人在同等条件下，有优先购买权	0.774	0.004	—0.178
b5. 举办者的变更，须由举办者提出，在财务清算后，经学校董事会或理事会同意，报审批机关核准	0.703	—0.022	0.387
b4. 要求取得合理回报的民办学校享受的税收优惠政策由有关部门制定	0.675	0.165	0.314
b6. 国家保障民办学校举办者、校长、教职工和受教育者的合法权益	0.598	0.192	0.006
b2. 民办学校终止时，应依次清偿受教育者学杂费、教职工工资和社会保险费，以及其他债务	0.198	0.800	—0.046
b1. 学校对举办者投入资产、国有资产、受赠财产、办学积累依法享有法人财产权，并分别登记建账	—0.120	0.723	0.150
b3. 捐资举办和不要求取得合理回报的学校，享受与公办学校同等税收优惠政策	0.413	0.620	—0.025
b7. 民办非企业单位不得从事营利性经营活动	0.081	0.008	0.848
b8. 举办者不得抽回其投入的办学资金	0.049	0.062	0.768
转轴后的特征值	2.140	1.615	1.614
方差解释率（%）	23.775	17.948	17.936
累计方差解释率（%）	23.775	41.723	59.685

（二）内部一致性信度很好，指标非常理想

信度指量表的一致性或稳定性。量表的信度值越大，其测量标准误差就越小，意味着量表的测量结果是可信赖的。在李克特态度量表法中，经常采用克隆巴赫 α 系数（Cronbach's Alpha，又称内部一致性 α 系数）进行信

度检验。克隆巴赫 α 系数指标的判断原则为：总量表的内部一致性信度系数最好在 0.80 以上，如果信度系数在 0.60—0.70 之间，基本可以接受。各维度最低的内部一致性信度系数要在 0.50 以上，信度系数最好在 0.60 以上。[①] 经 SPSS 统计得出，《民办高校产权管理量表》的内部一致性 α 系数值为 0.910，产权运作、产权界定、产权配置、产权监管等四个维度的内部一致性 α 系数分别为 0.878、0.857、0.741、0.787。可见，《民办高校产权管理量表》的内部一致性信度很好，信度指标非常理想（见表 19）。

表 19　《民办高校产权管理量表》信度指标

维度	项目数	Cronbach's Alpha
总量表	21	0.910
产权运作	6	0.878
产权界定	9	0.857
产权配置	3	0.741
产权监管	3	0.787

同样地，经 SPSS 统计分析显示，《民办高校产权管理法律政策量表》的内部一致性 α 系数值为 0.657，产权运作、产权界定和产权监管等三个维度的内部一致性 α 系数分别为 0.674、0.567 和 0.545，信度系数均达到要求（见表 20）。

表 20　《民办高校产权管理法律政策量表》信度指标

维度	项目数	Cronbach's Alpha
总量表	9	0.657

① 吴明隆．问卷统计分析实务：SPSS 操作与应用 [M]. 重庆：重庆大学出版社，2010：244.

续表

维度	项目数	Cronbach's Alpha
产权运作	4	0.674
产权界定	3	0.567
产权监管	2	0.545

二、描述性分析

（一）产权管理不同群体的自然情况

1. 民办高校管理者基本情况

在调查问卷的有效样本中（见表21），男性占86.3%。年龄分布上，以“46—55岁”和“36—45岁”两个年龄段为主，分别有26人和20人，达到32.9%和25.3%；学历方面，具有研究生学历的群体占54.4%，本科及以下学历的占45.6%；职务方面，担任校长和副校长职务的群体分别为18.5%和45.7%，民办高校董事长等举办者占11.1%，担任校长助理、教务处长等其他职务的占24.7%；任职年限上，担任现职2年以下的群体有30人，占38%，任职“3—5年”和“6年以上”的群体分别为34.2%和27.8%。

表21 民办高校管理者基本情况分布

类别		频数（人）	百分比（%）
性别	男	63	86.3
	女	10	13.7
年龄	≤35岁	15	19.0
	36—45岁	20	25.3
	46—55岁	26	32.9

续表

类别		频数（人）	百分比（%）
年龄	≥56 岁	18	22.8
学历	研究生	43	54.4
	本科及以下	36	45.6
职务	董事长等举办者	9	11.1
	校长	15	18.5
	副校长	37	45.7
	校长助理、教务处长等	20	24.7
任职年限	≤2 年	30	38.0
	3—5 年	27	34.2
	≥6 年	22	27.8

2. 民办高校基本情况

在被调查的民办高校中，主要的出资方式为资金、土地使用权和实物，其中资金是最主要的出资方式。创办时间方面，1994—2002 年间成立的民办高校有 32 所，占 40.5%。1993 年以前和 2003 年以后创办的民办高校分别达到 31.6% 和 27.8%；办学层次方面，民办本科高校、民办专科高校和民办高职院校分别占 24.4%、25.6% 和 50%；办学形式方面，独资举办的民办高校有 58 所，达到 74.4%；区域分布方面，东部民办高校 32 所，占 41%，中部和西部均为 29.5%（见表 22）。

表 22　民办高校基本情况分布

类别		频数（次，所）	百分比（%）
出资方式	资金	65	——

续表

类别		频数（次，所）	百分比（%）
出资方式	土地使用权	14	——
	实物	9	——
	知识产权	0	——
	其他	4	——
创办时间	1993 年以前	25	31.6
	1994—2002	32	40.5
	2003 年以后	22	27.8
办学层次	本科	19	24.4
	专科	20	25.6
	高职	39	50.0
办学形式	独资举办	58	74.4
	合资举办	11	14.1
	合作举办	3	3.8
	其他	6	7.7
区域分布	西部	23	29.5
	中部	23	29.5
	东部	32	41.0

（二）产权管理的重要性已形成共识

调查结果显示，民办高校管理者对产权管理比较认可，在产权管理的重要性上已形成共识（见表 23）。民办高校管理者对产权管理重要性认知的总体平均值为 4.468，最小值为 3.33，最大值为 5.00。其中，产权运作、产权界定、产权配置、产权监管四个维度的平均值依次为4.485、4.479、4.633、4.041，最小值依次为2.67、3.00、3.00、2.33，最大值均为5.00。

表23　产权管理的重要性认知描述性统计

	样本量	最小值	最大值	均值	标准差
产权管理	73	3.33	5.00	4.468	0.417
产权界定	78	3.00	5.00	4.479	0.478
产权配置	80	3.00	5.00	4.633	0.464
产权监管	81	2.33	5.00	4.041	0.739
产权运作	77	2.67	5.00	4.485	0.538

调查结果显示，民办高校管理者已认识到产权管理的重要性（见表24）。从产权界定看，民办高校管理者在确立法人财产权、资产过户手续简便、资产过户税费合理、举办者原始投入资产的权益保障政策明确、合理回报比例确定原则易于操作、资产增值部分归属清晰等方面的重要性认知上，持“非常重要”看法的比例分别为61.7%、57.5%、57.5%、67.9%、60.0%、44.4%、42.0%、63.8%、64.2%；从产权配置看，民办高校管理者在举办者的权力适度、出资人给予学校管理层充分自主权、校长独立行使教育教学和行政管理职权等方面的重要性认知上，持“非常重要”看法的比例分别为56.8%、75.0%、71.6%；从产权监管看，民办高校管理者在教育行政部门委派独立董事或独立理事参与学校管理、社会力量的监督和制约有效、已有出资人进行产权转让等适用条件和执行办法的政策规定等方面的重要性认知上，持“重要”或“非常重要”看法的比例分别为70.3%、72.8%和75.3%，持“中立”态度的比例分别24.7%、21%和23.5%，与其他三个维度的情况有所不同；从产权运作看，民办高校管理者在财务清算后剩余财产的分配比例和方法、明确统一的产权优惠政策、举办者退出机制、民办高校筹融资方式、金融机构

信贷支持力度等方面的重要性认知上，持“非常重要”看法的比例分别为61.5%、66.3%、59.3%、46.8%、53.1%、54.3%。

表24　对产权管理的重要性的看法　（%）

	项目	非常不重要	不重要	中立	重要	非常重要
产权界定	a1. 将资产过户到学校名下，确立法人财产权	0.0	1.2	7.4	29.6	61.7
	a2. 资产过户手续简便	0.0	0.0	13.8	28.8	57.5
	a3. 资产过户税费合理	0.0	0.0	18.8	23.8	57.5
	a4. 举办者原始投入资产的权益保障政策明确	0.0	2.5	3.7	25.9	67.9
	a5. 滚动发展的学校创办人的产权界定清晰	0.0	1.3	5.0	33.8	60.0
	a6. 举办者无形资产价值易于评估	0.0	1.2	12.3	42.0	44.4
	a7. 举办者无形资产占其出资总额的比例限定明确	0.0	2.5	14.8	40.7	42.0
	a8. 办学结余中，合理回报比例的确定原则易于操作	0.0	1.3	5.0	30.0	63.8
	a9. 学校存续过程中，资产增值部分的归属清晰	0.0	0.0	6.2	29.6	64.2
产权配置	a10. 举办者在董事会或理事会中的权力适度	0.0	0.0	6.2	37.0	56.8
	a11. 出资人信任学校管理层，充分赋予自主权	0.0	0.0	2.5	22.5	75.0
	a12. 校长受董事会或理事会干预较少，独立行使教育教学和行政管理职权的权益能够得到保障	0.0	1.2	2.5	24.7	71.6

续表

	项目	非常不重要	不重要	中立	重要	非常重要
产权监管	a13. 公共财政资金投入较多的学校中，已有教育行政部门委派的独立董事或独立理事参与管理	1.2	3.7	24.7	33.3	37.0
	a14. 社会力量对民办高校产权监督和制约有效	0.0	6.2	21.0	40.7	32.1
	a15. 对出资人产权的转让、继承、赠予的条件和执行，已有规定	0.0	1.2	23.5	37.0	38.3
产权运作	a16. 财务清算后，剩余财产的分配比例和方法明确	0.0	0.0	9.0	29.5	61.5
	a17. 民办高校产权优惠政策有明确统一的规定	0.0	0.0	2.5	31.3	66.3
	a18. 举办者的退出机制明确	0.0	1.2	7.4	32.1	59.3
	a19. 学校财产作价依据和债权、债务处理办法完善	0.0	0.0	11.4	41.8	46.8
	a20. 民办高校筹融资方式多样	0.0	2.5	2.5	42.0	53.1
	a21. 金融机构信贷支持力度充分	0.0	6.2	7.4	32.1	54.3

（三）产权管理现实符合度评价较低

民办高校管理者对产权管理现实符合度评价较低。其中，对产权配置的现实符合度评价略好于其他三个维度（见表25）。民办高校管理者对产权管理现实符合度评价的总体平均值为2.848，最小值为1.00，最大值为4.48。其中，产权界定、产权配置、产权监管、产权运作四个维度的平均值依次为2.889、3.125、2.742、2.689，最小值均为1.00，最大值分别为4.89、5.00、4.33、5.00。

表 25　产权管理的现实符合度描述性统计

	样本量	最小值	最大值	均值	标准差
产权管理	70	1.00	4.48	2.848	0.733
产权界定	76	1.00	4.89	2.889	0.814
产权配置	80	1.00	5.00	3.125	0.990
产权监管	80	1.00	4.33	2.742	0.796
产权运作	75	1.00	5.00	2.689	0.779

调查结果显示，民办高校产权管理者对产权管理各维度的现实符合度判断存在着较大差异（见表 26），从产权界定看，民办高校管理者在确立法人财产权、资产过户手续简便、资产过户税费合理、举办者原始投入资产的权益保障政策明确、合理回报比例确定原则易于操作、资产增值部分归属清晰等方面现实符合度上，持“符合”或“非常符合”看法的比例分别为 65.4%、29.1%、17.7%、34.6%、27.9%、18.5%、22.6%、18.8%、28.4%；从产权配置看，民办高校管理者在举办者的权力适度、出资人给予学校管理层充分自主权、校长独立行使教育教学和行政管理职权等方面现实符合度上，持“符合”或“非常符合”看法的比例分别为 33.3%、46.3%、43.2%；从产权监管看，民办高校管理者在教育行政部门委派独立董事或独立理事参与学校管理、社会力量的监督和制约有效、已有出资人进行产权转让等适用条件和执行办法的政策规定等方面现实符合度上，持“符合”或“非常符合”看法的比例分别为 11.3%、21.3%、21%；从产权运作看，民办高校管理者在财务清算后剩余财产的分配比例和方法、明确统一的产权优惠政策、举办者退出机制、民办高校筹融资方式、金融机构信贷支持力度等方面现实符合度上，持“符合”或“非常符合”看法的比例分别为 23.1%、19.2%、19.7%、16.5%、30.1%、21.0%。

表 26　产权管理的现实符合度判断　　　　（%）

	项目	非常不符合	不符合	中立	符合	非常符合
产权界定	a1. 将资产过户到学校名下，确立法人财产权	2.5	11.1	21.0	44.4	21.0
	a2. 资产过户手续简便	19.0	20.3	31.6	21.5	7.6
	a3. 资产过户税费合理	22.8	15.2	44.3	13.9	3.8
	a4. 举办者原始投入资产的权益保障政策明确	14.8	28.4	22.2	24.7	9.9
	a5. 滚动发展的学校创办人的产权界定清晰	11.4	24.1	36.7	19.0	8.9
	a6. 举办者无形资产价值易于评估	11.1	29.6	40.7	11.1	7.4
	a7. 举办者无形资产占其出资总额的比例限定明确	8.8	27.5	41.3	16.3	6.3
	a8. 办学结余中，合理回报比例的确定原则易于操作	20.0	22.5	38.8	11.3	7.5
	a9. 学校存续过程中，资产增值部分的归属清晰	12.3	28.4	30.9	21.0	7.4
产权配置	a10. 举办者在董事会或理事会中的权力适度	8.6	27.2	30.9	28.4	4.9
	a11. 出资人信任学校管理层，充分赋予自主权	5.0	23.8	25.0	33.8	12.5
	a12. 校长受董事会或理事会干预较少，独立行使教育教学和行政管理职权的权益能够得到保障	6.2	23.5	27.2	32.1	11.1
产权监管	a13. 公共财政资金投入较多的学校中，已有教育行政部门委派的独立董事或独立理事参与管理	7.5	23.8	57.5	10.0	1.3

续表

	项目	非常不符合	不符合	中立	符合	非常符合
产权监管	a14. 社会力量对民办高校产权监督和制约有效	8.8	26.3	43.8	15.0	6.3
	a15. 对出资人产权的转让、继承、赠予的条件和执行，已有规定	16.0	27.2	35.8	18.5	2.5
产权运作	a16. 财务清算后，剩余财产的分配比例和方法明确	12.8	28.2	35.9	15.4	7.7
	a17. 民办高校产权优惠政策有明确统一的规定	14.1	32.1	34.6	11.5	7.7
	a18. 举办者的退出机制明确	14.8	22.2	43.2	12.3	7.4
	a19. 学校财产作价依据和债权、债务处理办法完善	8.9	30.4	44.3	12.7	3.8
	a20. 民办高校筹融资方式多样	10.0	36.3	23.8	26.3	3.8
	a21. 金融机构信贷支持力度充分	17.3	39.5	22.2	17.3	3.7

三、差异分析

（一）对产权配置的重要性认知最高，不同群体存在认知差异

1. 对产权管理四个维度重要性认知的差异比较

对民办高校产权管理四个维度重要性认知的描述性统计结果显示，按平均得分由高到低排序，它们依次为“产权配置”（4.633）、“产权运作”（4.485）、“产权界定”（4.479）、“产权监管”（4.041）（为方便叙述，笔者将对民办高校产权配置、产权运作、产权界定、产权监管重要性的认知分别简称为带引号的“产权配置”“产权运作”“产权界定”“产权监管”）。分别对“产权配置”和“产权运作”、“产权运作”和“产权界定”、“产权界定”

和“产权监管”进行配对样本T检验（见表27），结果显示，三个配对变量的显著性检验概率值p分别为0.041、0.848、0.000。这表明，民办高校管理者对产权配置重要性的认知显著高于对产权运作重要性的认知，对产权运作与产权界定重要性的认知不存在差异，对产权界定重要性的认知显著高于对产权监管重要性的认知。也就是说，民办高校管理者在四个维度重要性的认知中，对产权配置维度重要性的认知最高，对产权监管维度重要性的认知最低。

表27　对产权管理四个维度重要性认知间的差异比较

配对变量	样本量	均值差	标准差	T值
产权配置＆产权运作	76	0.127	0.533	2.079^{**}
产权运作＆产权界定	74	0.010	0.437	$0.192^{n.s.}$
产权界定＆产权监管	78	0.423	0.674	5.543^{***}

$^{n.s.}P>0.1$　$^{*}P<0.1$　$^{**}P<0.05$　$^{***}P<0.01$

此外，对民办高校产权管理四个维度重要性的认知存在显著正相关（见表28）。其中，“产权界定”与“产权配置”、“产权监管”、“产权运作”的相关系数达到显著性水平，表明“产权界定”与其他三个维度均呈显著的正相关，其间的相关均属于中度相关；“产权配置”与“产权监管”、“产权运作”这两个维度均呈显著的正相关，“产权配置”与“产权监管”的相关属低度相关，“产权配置”产权运作的相关属中度相关；“产权监管”与“产权运作”的相关系数也达到了显著性水平，表明两者间呈显著的正相关，其间的相关属中度相关。

表28　对产权管理四个维度重要性认知相关性

	产权界定	产权配置	产权监管	产权运作
产权界定	1	0.403^{***}	0.465^{***}	0.641^{***}

续表

	产权界定	产权配置	产权监管	产权运作
产权配置	0.403***	1	0.353***	0.434***
产权监管	0.465***	0.353***	1	0.576***
产权运作	0.641***	0.434***	0.576***	1

n.s.P>0.1　*P<0.1　**P<0.05　***P<0.01

2. 不同群体对产权管理四个维度重要性认知的差异比较

从年龄、学历、职务、任职年限、创办时间、办学层次、区域分布等方面，进行不同群体对民办高校产权管理重要性认知的差异比较。结果显示，除了在学历和学校创办时间方面没有显著差异之外，民办高校管理者对产权管理重要性认知的差异，主要体现在以下几个方面：

第一，年龄差异（见表 29）。不同年龄段群体对产权界定、产权配置、产权监管、产权运作等维度重要性的认知存在显著差异。在产权界定维度，“56 岁以上”群体显著高于“36—45 岁”群体和“46—55 岁”群体，主要体现在对民办高校法人财产权、举办者无形资产评估及其占出资总额的比例、学校存续过程中资产增值部分的归属等方面；在产权配置维度，“35 岁以下”群体显著高于“36—45 岁”群体，主要体现在举办者在董事会或理事会中的权力、校长教育教学和行政管理职权的行使等方面；在产权监管维度，“35 岁以下”群体和“56 岁以上”群体均显著高于“36—45 岁”群体和“46—55 岁”群体，主要体现在教育行政部门和社会力量对民办高校产权的监管、出资人产权转让等适用条件和执行的政策规定等方面；在产权运作维度，“35 岁以下”群体和“56 岁以上”群体均显著高于“36—45 岁”群体和“46—55 岁”群体，主要体现在财务清算后的剩余财产分配比例和方法、产权优惠政策、财产作价依据和债权债务处理办法、举办者退出机制、民办高校筹融资方式等方面。

表 29　不同年龄群体对产权管理四个维度重要性认知的差异比较

	描述性统计量			多重比较（LSD）					项目
	年龄	均值	标准差	年龄 I	年龄 J	F 检验	均值差（I–J）	事后检验	
产权界定	≤35 岁（A）	4.459	0.524	D	B	$1.773^{n.s.}$	0.326^{**}	D＞B	a1/a7
	36—45 岁（B）	4.367	0.480						
	46—55 岁（C）	4.398	0.494		C		0.295^{*}	D＞C	a1/a6/a9
	≥56 岁（D）	4.693	0.370						
产权配置	≤35 岁（A）	4.833	0.285	A	B	2.439^{*}	0.417^{*}	A＞B	a10/a12
	36—45 岁（B）	4.417	0.591						
	46—55 岁（C）	4.654	0.394						
	≥56 岁（D）	4.648	0.464						
产权监管	≤35 岁（A）	4.267	0.758	A	B	4.501^{***}	0.550^{**}	A＞B	a13/a14
	36—45 岁（B）	3.717	0.585		C		0.421^{*}	A＞C	a13
	46—55 岁（C）	3.846	0.761	D	B		0.709^{***}	D＞B	a13/a14/a15
	≥56 岁（D）	4.426	0.645		C		0.580^{***}	D＞C	a13/a14
产权运作	≤35 岁（A）	4.667	0.518	A	B	2.913^{**}	0.358^{*}	A＞B	a17/a20
	36—45 岁（B）	4.308	0.701		C		0.306^{*}	A＞C	a20
	46—55 岁（C）	4.361	0.419	D	B		0.405^{**}	D＞B	a17
	≥56 岁（D）	4.713	0.387		C		0.352^{**}	D＞C	a16/a18/a19/a20

$^{n.s.}P>0.1$　　$^{*}P<0.1$　　$^{**}P<0.05$　　$^{***}P<0.01$

第二，职务差异（见表 30）。担任不同职务群体对产权运作重要性的认知存在显著差异。“董事长等举办者”组显著高于“校长”组，主要体现在学校财产作价依据和债权债务处理办法、金融机构信贷支持力度等方面。

表 30　不同职务群体对产权运作重要性认知的差异比较

	描述性统计量			多重比较（LSD）					项目
	职务	均值	标准差	职务 I	职务 J	F 检验	均值差（I–J）	事后检验	
产权运作	董事长等举办者（A）	4.740	0.383	A	B	$1.375^{n.s.}$	0.452^{**}	A ＞ B	a19/a21
	校长（B）	4.289	0.589						
	副校长（C）	4.491	0.560						
	教务处长等（D）	4.509	0.493						

$^{n.s.}P>0.1$　　$^{*}P<0.1$　　$^{**}P<0.05$　　$^{***}P<0.01$

第三，任职年限差异（见表 31）。不同任职年限群体对产权运作重要性的认知存在显著差异。担任现职“2 年以下”群体显著高于任职“3—5 年”群体，主要体现在财务清算后的剩余财产分配比例和方法、学校财产作价依据和债权债务处理办法、民办高校筹融资方式、金融机构信贷支持力度等方面。

表 31　不同任职年限群体对产权运作重要性认知的差异比较

	描述性统计量			多重比较（LSD）					项目
	任职年限	均值	标准差	年限 I	年限 J	F 检验	均值差（I–J）	事后检验	
产权运作	≤ 2 年（A）	4.601	0.504	A	B	$1.779^{n.s}$	0.274^{*}	A ＞ B	a16/a19 a20/a21
	3—5 年（B）	4.327	0.616						
	≥ 6 年（C）	4.492	0.467						

$^{n.s.}P>0.1$　　$^{*}P<0.1$　　$^{**}P<0.05$　　$^{***}P<0.01$

第四，办学层次差异（见表 32）。不同办学层次的群体对产权监管重要性认知存在显著差异。“高职”组显著高于“专科”组，主要体现在出资人产权转让等适用条件和执行的政策规定方面。

表 32　不同办学层次的利益相关者对产权监管重要性认知的差异比较

	描述性统计量			多重比较（LSD）					项目
	办学层次	均值	标准差	层次 I	层次 J	F 检验	均值差（I–J）	事后检验	
产权监管	本科（A）	3.947	0.772	C	B	$1.745^{n.s.}$	0.362^{*}	C＞B	a15
	专科（B）	3.783	0.703						
	高职（C）	4.145	0.704						

$^{n.s.}P>0.1$　$^{*}P<0.1$　$^{**}P<0.05$　$^{***}P<0.01$

第五，区域分布差异（见表 33）。不同区域分布群体对产权界定和产权配置重要性认知存在显著差异。在产权界定维度，“东部”组显著高于“西部”组，主要体现在资产过户的税费、举办者原始投入资产的权益保障政策、举办者无形资产价值评估等方面。在产权配置维度，“东部”组显著高于“中部”组，主要体现在校长教育教学和行政管理职权的行使方面。

表 33　不同区域的利益相关者对产权界定和产权配置重要性认知的差异比较

	描述性统计量			多重比较（LSD）					项目
	区域分布	均值	标准差	区域 I	区域 J	F 检验	均值差（I–J）	事后检验	
产权界定	西部（A）	4.343	0.481	C	A	$1.866^{n.s.}$	0.250^{*}	C＞A	a3/a4/a6
	中部（B）	4.460	0.453						
	东部（C）	4.482	0.479						
产权配置	西部（A）	4.667	0.414	C	B	$2.095^{n.s.}$	0.255^{**}	C＞B	a12
	中部（B）	4.485	0.522						
	东部（C）	4.740	0.430						

$^{n.s.}P>0.1$　$^{*}P<0.1$　$^{**}P<0.05$　$^{***}P<0.01$

（二）产权配置的现实符合度评价最好，不同群体存在评价差异

1. 产权管理四个维度现实符合度的差异比较

就民办高校管理者对产权管理现实符合度评价而言，根据民办高校产权管理现实符合度的描述性统计结果，按平均得分由高到低排序，民办高校产权管理现实符合度得分依次为“产权配置”(3.125)、“产权界定”(2.889)、“产权监管”(2.742)、“产权运作”(2.689)。分别对“产权配置”和“产权界定”、“产权界定”和“产权监管”、“产权监管”和“产权运作”进行配对样本T检验（见表34)，结果显示，三个配对变量的显著性检验概率值p分别为0.002、0.111、0.563。这表明，民办高校管理者对产权配置现实符合度评价显著高于对产权界定现世符合度评价，但“产权界定”与“产权监管”、“产权监管”与“产权运作”之间不存在显著差异。也就是说，民办高校管理者在四个维度现实符合度的评价中，对产权配置维度的评价最好。

表34　产权管理四个维度现实符合度的差异比较

配对变量	样本量	均值差	标准差	T值
产权配置 & 产权界定	75	0.290	0.798	3.151^{***}
产权界定 & 产权监管	76	0.113	0.609	$1.612^{n.s.}$
产权监管 & 产权运作	74	0.038	0.566	$0.582^{n.s.}$

$^{n.s.}P>0.1$　$^{*}P<0.1$　$^{**}P<0.05$　$^{***}P<0.01$

此外，民办高校产权管理四个维度现实符合度之间存在显著正相关（见表35)。其中，“产权界定”与“产权配置”、“产权监管”、“产权运作”的相关系数均达到显著性水平，表明“产权界定”与这三个维度均呈显著的正相关，其间的相关均属中度相关；“产权配置”与“产权监管”、“产权运作”的相关系数均达到显著性水平，表明“产权配置”与这两个维度均呈显著的正相关，其间的相关属中度相关；“产权监管”与“产权运作”的相关系数为

0.744，达到显著性水平，表明两者间呈显著的正相关，其间的相关属中度相关。

表35　产权管理四个维度现实符合度相关性

	产权界定	产权配置	产权监管	产权运作
产权界定	1	0.624***	0.709***	0.777***
产权配置	0.624***	1	0.580***	0.442***
产权监管	0.709***	0.580***	1	0.744***
产权运作	0.777***	0.442***	0.744***	1

n.s.P>0.1　*P<0.1　**P<0.05　***P<0.01

2. 不同群体对现实符合度的差异比较

笔者从年龄、学历、职务、任职年限、创办时间、办学层次、区域分布等方面，研究不同群体对民办高校产权管理现实符合度的差异，结果显示，除了在学历方面没有显著差异之外，民办高校管理者对产权管理现实符合度的差异，主要体现在以下几个方面：

第一，年龄差异（见表36）。不同年龄段群体对产权界定、产权配置、产权监管、产权运作现实符合度评价存在显著差异。在产权界定维度，“46—55岁”群体显著高于“36—45岁”群体，主要体现在举办者原始投入资产的权益保障政策、滚动发展的学校创办人的产权界定、办学结余中合理回报比例的确定原则、学校存续过程中资产增值部分的归属等方面；在产权配置维度，“46—55岁”群体显著高于“36—45岁”群体，主要体现在举办者在董事会或理事会中的权力、校长教育教学和行政管理职权的行使等方面；在产权监管维度，“46—55岁”群体显著高于“36—45岁”群体，主要体现在出资人产权转让等适用条件和执行的政策规定方面；在产权运作维度，“46—55岁”群体显著高于“36—45岁”群体，主要体现在财务清算后的剩余财产分配比例和方法、财产作价依据和债权债务处理办法等方面。

表 36　年龄群体对四个维度现实符合度的差异比较

	描述性统计量			多重比较（LSD）					项目
	年龄	均值	标准差	年龄 I	年龄 J	F 检验	均值差（I–J）	事后检验	
产权界定	≤35 岁（A）	2.837	0.701	C	B	1.193$^{n.s.}$	0.405*	C＞B	a4/a5 a8/a9
	36—45 岁（B）	2.614	0.697						
	46—55 岁（C）	3.019	0.855						
	≥56 岁（D）	3.020	0.804						
产权配置	≤35 岁（A）	3.286	0.856	C	B	1.320$^{n.s.}$	0.532*	C＞B	a10/a12
	36—45 岁（B）	2.750	0.942						
	46—55 岁（C）	3.282	1.023						
	≥56 岁（D）	3.130	1.042						
产权监管	≤35 岁（A）	2.622	0.872	C	B	1.539$^{n.s.}$	0.461*	C＞B	a15
	36—45 岁（B）	2.526	0.651						
	46—55 岁（C）	2.987	0.585						
	≥56 岁（D）	2.667	1.010						
产权运作	≤35 岁（A）	2.551	0.780	C	B	1.917$^{n.s.}$	0.539**	C＞B	a16/a18 a19/a20a21
	36—45 岁（B）	2.404	0.719						
	46—55 岁（C）	2.942	0.700						
	≥56 岁（D）	2.741	0.858						

$^{n.s.}P>0.1$　$^{*}P<0.1$　$^{**}P<0.05$　$^{***}P<0.01$

第二，职务差异（见表 37）。担任不同职务群体对产权配置和产权监管现实符合度评价存在显著差异。在产权配置维度，“董事长等举办者”群体显著高于“校长”群体、“副校长”群体、“教务处长等其他职务”群体，主要体现在举办者在董事会或理事会中的权力、校长教育教学和行政管理职权的行使，以及出资人和校长之间的相互信任等方面。在产权监管维度，“董事长等举办者”组群体显著高于“教务处长等其他职务”群体，主要体现在教育行政部门对民办高校产权的监管方面。

表 37　不同职务群体对产权配置和产权监管现实符合度的差异比较

<table>
<tr><th rowspan="2"></th><th colspan="3">描述性统计量</th><th colspan="5">多重比较（LSD）</th><th rowspan="2">项目</th></tr>
<tr><th>职务</th><th>均值</th><th>标准差</th><th>职务 I</th><th>职务 J</th><th>F 检验</th><th>均值差（I–J）</th><th>事后检验</th></tr>
<tr><td rowspan="4">产权配置</td><td>董事长等举办者（A）</td><td>3.889</td><td>0.577</td><td rowspan="4">A</td><td>B</td><td rowspan="4">$2.099^{n.s.}$</td><td>0.844^{**}</td><td>A＞B</td><td>a10/a12</td></tr>
<tr><td>校长（B）</td><td>3.044</td><td>0.983</td><td>C</td><td>0.861^{**}</td><td>A＞C</td><td>a10/a12</td></tr>
<tr><td>副校长（C）</td><td>3.028</td><td>0.957</td><td rowspan="2">D</td><td rowspan="2">0.872^{**}</td><td rowspan="2">A＞D</td><td rowspan="2">a10/a11
a12</td></tr>
<tr><td>教务处长等（D）</td><td>3.017</td><td>1.105</td></tr>
<tr><td rowspan="4">产权监管</td><td>董事长等举办者（A）</td><td>3.111</td><td>0.833</td><td rowspan="4">A</td><td rowspan="4">D</td><td rowspan="4">$1.137^{n.s.}$</td><td rowspan="4">0.578^{*}</td><td rowspan="4">A＞D</td><td rowspan="4">a13</td></tr>
<tr><td>校长（B）</td><td>2.714</td><td>0.904</td></tr>
<tr><td>副校长（C）</td><td>2.775</td><td>0.770</td></tr>
<tr><td>教务处长等（D）</td><td>2.533</td><td>0.737</td></tr>
</table>

$^{n.s.}P>0.1$　$^{*}P<0.1$　$^{**}P<0.05$　$^{***}P<0.01$

第三，任职年限差异（见表 38）。不同任职年限群体对产权监管现实符合度评价存在显著差异。担任现职“3—5 年”群体显著高于任职“2 年以下”群体和任职“6 年以上”群体，主要体现在社会力量对民办高校产权的监管、出资人产权转让等适用条件和执行的政策规定等方面。

表 38　不同任职年限群体对产权监管现实符合度的差异比较

	描述性统计量			多重比较（LSD）					项目
	任职年限	均值	标准差	年限 I	年限 J	F 检验	均值差（I–J）	事后检验	
产权监管	≤ 2 年（A）	2.567	0.831	B	A	3.178**	0.483**	B ＞ A	a14/a15
	3—5 年（B）	3.049	0.772						
	≥ 6 年（C）	2.619	0.677		C		0.430*	B ＞ C	a15

$^{n.s.}P>0.1$　$^{*}P<0.1$　$^{**}P<0.05$　$^{***}P<0.01$

第四，创办时间差异（见表 39）。不同创办时间群体对产权界定、产权配置、产权监管、产权运作现实符合度评价存在显著差异。在产权界定维度，民办高校创办时间在“1993 年之前”的群体和创办时间在“2003 年之后”的群体均显著高于“1994—2002 年”群体，主要体现在民办高校法人财产权、资产过户的税费和手续、举办者原始投入的界定及其无形资产评估、举办者原始投入资产的权益保障政策、资产增值部分归属、合理回报比例等方面；在产权配置维度，“1993 年之前”的群体和“2003 年之后”的群体均显著高于“1994—2002 年”群体，主要体现在董事会或理事会中的权力、校长教育教学和行政管理职权的行使，以及出资人和校长之间的相互信任等方面；在产权监管维度，“2003 年之后”的群体显著高于“1994—2002 年”群体，主要体现在教育行政部门和社会力量对民办高校产权的监管、出资人产权转让等适用条件和执行的政策规定等方面；在产权运作维度，“1993 年之前”的群体和“2003 年之后”的群体均显著高于“1994—2002 年”群体，主要体现在财务清算后的剩余财产分配比例和方法、产权优惠政策、财产作价依据和债权债务处理办法、举办者退出机制等方面。

表 39　不同创办时间群体对四个维度现实符合度的差异比较

	描述性统计量			多重比较（LSD）					项目
	创办时间	均值	标准差	时间 I	时间 J	F 检验	均值差（I–J）	事后检验	
产权界定	1993 年之前（A）	3.116	0.813	A	B	5.379^{***}	0.568^{***}	A > B	a1/a3/a6 a8/a9
	1994—2002 年（B）	2.548	0.752	C	B		0.630^{***}	C > B	a1/a2/a4 a6/a7/ a8/a9
	2003 年之后（C）	3.178	0.743						
产权配置	1993 年之前（A）	3.319	0.995	A	B	2.783^{*}	0.497^{*}	A > B	a12
	1994—2002 年（B）	2.823	0.931	C	B		0.556^{**}	C > B	a10/a11
	2003 年之后（C）	3.379	0.999						
产权监管	1993 年之前（A）	2.861	0.890	C	B	3.045^{*}	0.499^{**}	C > B	a13/a14 a15
	1994—2002 年（B）	2.531	0.687						
	2003 年之后（C）	3.030	0.705						
产权运作	1993 年之前（A）	2.819	0.917	A	B	3.791^{**}	0.406^{*}	A > B	a17
	1994—2002 年（B）	2.414	0.628	C	B		0.570^{**}	C > B	a16/a17 a18/a19
	2003 年之后（C）	2.983	0.709						

$^{n.s.}P>0.1$　$^{*}P<0.1$　$^{**}P<0.05$　$^{***}P<0.01$

第五，办学层次差异（见表 40）。不同办学层次群体对产权界定、产权配置、产权监管、产权运作现实符合度评价存在显著差异。在产权界定维度，“本科”组和“高职”组均显著高于“专科”组，主要体现在举办者原始投入资产的权益保障政策、滚动发展的学校创办人产权的界定、举办者原始投入的界定及其无形资产评估、资产增值部分归属、合理回报比例等方面；在产权配置维度，“本科”组和“高职”组均显著高于“专科”组，主要体现在举办者在董事会或理事会中的权力、校长教育教学和行政管理职权的行使，以及出资人和校长之间的相互信任等方面；在产权监管维度，“本科”组和“高职”组均显著高于“专科”组，主要体现在社会力量对民办高校产权的监管、出资人产权转让等适用条件和执行的政策规定等方面；在产权运作维度，“本科”组和“高职”组均显著高于“专科”组，主要体现在财务清算后的剩余财产分配比例和方法、产权优惠政策、财产作价依据和债权债务处理办法、举办者退出机制等方面。

表 40　不同办学层次群体对四个维度现实符合度的差异比较

	描述性统计量			多重比较（LSD）					项目
	办学层次	均值	标准差	层次 I	层次 J	F 检验	均值差（I–J）	事后检验	
产权界定	本科（A）	2.537	0.745	B	A	2.660^{*}	0.445^{*}	B＞A	a6/a7/a9
	专科（B）	2.983	0.780	C	A		0.522^{**}	C＞A	a4/a5/a6 a7/a8/a9
	高职（C）	3.059	0.830						
产权配置	本科（A）	2.463	0.908	B	A	6.421^{***}	1.020^{***}	B＞A	a10/a11/a12
	专科（B）	3.483	1.017	C	A		0.802^{***}	C＞A	a10/a11/a12
	高职（C）	3.265	0.902						
产权监管	本科（A）	2.263	0.653	B	A	6.017^{***}	0.637^{***}	B＞A	a14/a15
	专科（B）	2.900	0.613	C	A		0.693^{***}	C＞A	a14/a15
	高职（C）	2.956	0.828						
产权运作	本科（A）	2.206	0.699	B	A	5.013^{***}	0.554^{**}	B＞A	a16/a18/a19
	专科（B）	2.760	0.784	C	A		0.683^{***}	C＞A	a16/a17 a18/a19
	高职（C）	2.889	0.753						

$^{n.s.}P>0.1$　$^{*}P<0.1$　$^{**}P<0.05$　$^{***}P<0.01$

第六，区域分布差异（见表41）。不同区域分布群体对产权运作维度现实符合度评价存在显著差异。“西部”组显著高于“东部”组，主要体现在民办高校筹融资方式、金融机构信贷支持力度等方面。

表41　不同区域分布群体对产权运作现实符合度的差异比较

	描述性统计量			多重比较（LSD）					项目
	区域分布	均值	标准差	区域I	区域J	F检验	均值差（I–J）	事后检验	
产权运作	西部（A）	3.000	0.806	A	C	$2.140^{n.s.}$	0.443^{**}	A > C	a20/a21
	中部（B）	2.617	0.836						
	东部（C）	2.697	0.722						

$^{n.s.}P>0.1$　$^{*}P<0.1$　$^{**}P<0.05$　$^{***}P<0.01$

（三）产权管理现实符合度的评价显著低于重要性认知

1.重要性认知与现实符合度的差异程度

整体看，重要性认知和现实符合度的平均差异值为1.623，平均数差异值检验的T值为14.992（显著性检验概率值p=0.000），达到显著水平，两者之间呈显著差异，表示民办高校管理者对产权管理现实符合度的评价显著低于其对重要性的认知（见表42）。具体而言：

在产权界定维度，民办高校管理者对重要性认知与现实符合度的平均差异值为1.594，平均数差异值检验的T值为13.530（显著性检验概率值p=0.000），达到显著水平，两者之间呈显著差异，表明民办高校管理者对产权界定现实符合度的评价显著低于其对重要性的认知。

在产权配置维度，民办高校管理者对重要性认知与现实符合度的平均差异值为 1.508，平均数差异值检验的 T 值为 11.899（显著性检验概率值 p=0.000），达到显著水平，两者之间呈显著差异，表明民办高校管理者对产权配置现实符合度的评价显著低于其对重要性的认知。

在产权监管维度，民办高校管理者对重要性认知与现实符合度的平均差异值为 1.304，平均数差异值检验的 T 值为 10.833（显著性检验概率值 p=0.000），达到显著水平，两者之间呈显著差异，表明民办高校管理者对产权监管现实符合度的评价显著低于其对重要性的认知。

在产权运作维度，民办高校管理者对重要性认知与现实符合度的平均差异值为 1.798，平均数差异值检验的 T 值为 14.690（显著性检验概率值 p=0.000），达到显著水平，两者之间呈显著差异，表明民办高校管理者对产权监管现实符合度的评价显著低于其对重要性的认知。

表 42　产权管理重要性与现实符合度的差异比较

配对变量	样本量	相关系数	均值差	T 值
产权管理 _ 重要性 & 产权管理 _ 现实符合度	70	$—0.178^{n.s.}$	1.623	14.992^{***}
产权界定 _ 重要性 & 产权界定 _ 现实符合度	76	$—0.201^{*}$	1.594	13.530^{***}
产权配置 _ 重要性 & 产权配置 _ 现实符合度	80	$—0.098^{n.s.}$	1.508	11.899^{***}
产权监管 _ 重要性 & 产权监管 _ 现实符合度	80	$0.020^{n.s.}$	1.304	10.833^{***}
产权运作 _ 重要性 & 产权运作 _ 现实符合度	75	$—0.262^{**}$	1.798	14.690^{***}

$^{n.s.}P>0.1$　$^{*}P<0.1$　$^{**}P<0.05$　$^{***}P<0.01$

2. 重要性认知与现实符合度的相关情况

整体看，重要性认知和现实符合度的相关系数为－ 0.178（显著性概率值 p=0.140），未达到显著水平，两者之间不存在显著相关（见表 42）。具体而言：

在产权界定维度，民办高校管理者对产权界定重要性认知和现实符合度的相关系数为－0.201（显著性概率值 p=0.081），达到显著水平，两者之间呈显著负相关，表明民办高校管理者对产权界定重要性认知的测量值越高，其现实符合度的测量值就越低。

在产权配置维度，民办高校管理者对产权配置重要性认知和现实符合度的相关系数为－0.098（显著性概率值 p=0.387），未达到显著水平，两者之间不存在显著相关。

在产权监管维度，民办高校管理者对产权监管重要性认知和现实符合度的相关系数为 0.020（显著性概率值 p=0.858），未达到显著水平，两者之间不存在显著相关。

在产权运作维度，民办高校管理者对产权运作重要性认知和现实符合度的相关系数为－0.262（显著性概率值 p=0.023），达到显著水平，两者之间呈显著负相关，表明民办高校管理者对产权运作重要性认知的测量值越高，其现实符合度的测量值就越低。

四、回归分析

回归分析不仅可以了解自变量与因变量的关系及影响方向与程度，而且能够通过自变量与估计的回归方程式对因变量做预测。[①] 因此，本研究采用逐步回归法，建立了民办高校产权管理模型，进一步了解产权界定、产权配置、产权监管、产权运作等四个维度与产权管理的相互联系和影响。

（一）对产权界定和产权监管的重要性认知越高，对产权运作的重要性认知越高

在对民办高校产权管理四个维度重要性的认知中，以“产权运作”为因变量，“产权界定”“产权配置”“产权监管”为自变量，根据各个自变量对因变

① 吴明隆，涂金堂 .SPSS 与统计应用分析 [M]. 大连：东北财经大学出版社，2012：378—379.

量预测力的高低，逐一进行多元逐步回归分析（见表43），得出了民办高校产权管理重要性认知的回归方程式。

标准化回归方程式：产权运作_重要性=0.474×产权界定_重要性+0.341×产权监管_重要性

原始化回归方程式：产权运作_重要性=1.061+0.539×产权界定_重要性+0.250×产权监管_重要性

用产权界定、产权配置和产权监管三个自变量预测“产权运作”效标变量时，进入回归方程式的显著变量共有两个，依序为“产权界定”和“产权监管”。这两个预测变量与“产权运作”因变量的多元相关系数为0.688，决定系数为0.474，回归模型整体性检验的F值为31.534，两个变量的回归系数检验的t值分别为4.977和3.588。自变量与因变量间所构成的线性回归模型的拟合优度适中，回归模型整体性检验和回归系数检验均达到显著性水平，两个预测变量可以联合解释“产权运作”效标变量47.4%的变异量。就个别变量的解释量来看，对“产权运作”预测力最好的为“产权界定”自变量，其解释变异量为37.7%，而“产权监管”的解释变异量为9.7%。

从标准化回归系数来看，“产权界定”和“产权监管”的β系数分别为0.474和0.341，均为正值，表示这两个变量对产权运作有着正向影响，即民办高校管理者对产权界定重要性认知和产权监管重要性认知越高，其对产权运作重要性认知也就越高。

表43　产权管理重要性认知的回归分析

变量进入顺序	多元相关系数R	决定系数R^2	增加解释量ΔR^2	F值	净F值（ΔF）	回归系数t值	原始化回归系数B	标准化回归系数β
截距（常数项）							1.061	
1. 产权界定	0.614	0.377	0.377	43.005***	43.005***	4.977***	0.539	0.474

续表

变量进入顺序	多元相关系数 R	决定系数 R^2	增加解释量 ΔR^2	F 值	净 F 值（ΔF）	回归系数 t 值	原始化回归系数 B	标准化回归系数 β
截距（常数项）							1.061	
2. 产权监管	0.688	0.474	0.097	31.534***	12.872***	3.588***	0.250	0.341

n.s. P>0.1　　*P<0.1　　**P<0.05　　***P<0.01

（二）对产权监管和产权界定的现实符合度评价越高，对产权运作的现实符合度评价越高

在民办高校产权管理现实符合度评价的四个维度中，以产权运作为因变量，产权界定、产权配置、产权监管为自变量，根据各个自变量对因变量预测力的高低，逐一进行多元逐步回归分析（见表 44），得出了民办高校产权管理现实符合度的回归方程式。

标准化回归方程式：产权运作 _ 现实符合度 =0.485× 产权监管 _ 现实符合度 +0.432× 产权界定 _ 现实符合度

原始化回归方程式：产权运作 _ 现实符合度 =0.228+0.472× 产权监管 _ 现实符合度 +0.406× 产权界定 _ 现实符合度

用产权界定、产权配置和产权监管三个自变量预测“产权运作”效标变量时，进入回归方程式的显著变量共有两个，依序为“产权监管”和“产权界定”。这两个预测变量与“产权运作”因变量的多元相关系数为 0.849，决定系数为 0.720，回归模型整体性检验的 F 值为 86.130，两个变量的回归系数检验的 t 值分别为 5.268 和 4.698。自变量与因变量间所构成的线性回归模型的拟合优度较好，回归模型整体性检验和回归系数检验均达到显著性水平，两个预测变量可以联合解释“产权运作”效标变量 72% 的变异量。就个别变量的解释量来看，对“产权运作”预测力最好的为“产权监管”自变量，

其解释变异量为62.8%，而“产权监管”的解释变异量为9.2%。

从标准化回归系数来看，产权监管和产权界定的 β 系数分别为0.485和0.432，均为正值，表示这两个变量对产权运作有着正向影响，即民办高校管理者对产权监管现实符合度评价和产权界定现实符合度评价越高，其对产权运作现实符合度的评价也就越高。

表44　产权管理现实符合度的回归分析

变量进入顺序	多元相关系数 R	决定系数 R^2	增加解释量 ΔR^2	F值	净F值（ΔF）	回归系数t值	原始化回归系数B	标准化回归系数β
截距（常数项）							0.228	
1. 产权监管	0.792	0.628	0.628	114.666***	114.666***	5.268***	0.472	0.485
2. 产权界定	0.849	0.720	0.092	86.130***	22.068***	4.698***	0.406	0.432

n.s.P>0.1　*P<0.1　**P<0.05　***P<0.01

（三）对产权界定和产权配置的重要性认知越高，对产权管理法律政策合理性的认知越高

在民办高校产权管理情况量表和法律政策量表中，以产权管理法律政策合理性认知为因变量，民办高校产权管理重要性认知中的产权界定、产权配置、产权监管、产权运作为自变量，进行多元逐步回归（见表45），得出了产权管理法律政策合理性认知与产权管理重要性认知的回归方程式。

标准化回归方程式：产权管理法律政策合理性 =0.391× 产权界定 _ 重要性 +0.255× 产权配置 _ 重要性

原始化回归方程式：产权管理法律政策合理性 =1.523+0.374× 产权界定 _ 重要性 +0.236× 产权配置 _ 重要性

用产权界定、产权配置、产权监管、产权运作四个重要性认知自变量预测“产权管理法律政策合理性”效标变量时，进入回归方程式的显著变量共有两个，依序为“产权界定”和“产权配置”。这两个预测变量与“产权管理法律政策合理性”因变量的多元相关系数为 0.547，决定系数为 0.300，回归模型整体性检验的 F 值为 14.110，两个变量的回归系数检验的 t 值分别为 3.472 和 2.264。自变量与因变量间所构成的线性回归模型的拟合优度适中，回归模型整体性检验和回归系数检验均达到显著性水平，两个预测变量可以联合解释“产权管理法律政策合理性”效标变量 30% 的变异量。就个别变量的解释量来看，对“产权管理法律政策合理性”预测力最好的为“产权界定”自变量，其解释变异量为 24.5%，而“产权配置”的解释变异量为 5.4%。

从标准化回归系数来看，产权界定和产权配置的 β 系数分别为 0.391 和 0.255，均为正值，表示这两个变量对产权管理法律政策合理性有着正向影响，即民办高校管理者对产权界定重要性认知和产权配置重要性认知越高，其对产权管理法律政策合理性的认知也就越高。

表 45　产权管理法律政策合理性认知与产权管理重要性认知的回归分析

变量进入顺序	多元相关系数 R	决定系数 R^2	增加解释量 ΔR^2	F 值	净 F 值（ΔF）	回归系数 t 值	原始化回归系数 B	标准化回归系数 β
截距（常数项）							1.523	
1. 产权界定	0.495	0.245	0.245	21.752***	21.752***	3.472***	0.374	0.391
2. 产权配置	0.547	0.300	0.054	14.110***	5.127**	2.264**	0.236	0.255

n.s.P>0.1　*P<0.1　**P<0.05　***P<0.01

第三节　分析与讨论

基于以上数据，对民办高校产权管理调查预先提出的研究假设进行验证，并结合民办高校产权管理的现状，归纳和分析研究结果。

一、假设验证

根据民办高校产权管理的调查分析，对研究假设进行验证，检验研究假设与调查结果的符合度。具体来看：

第一，假设1成立。对民办高校产权管理四个维度重要性认知的差异比较显示，对民办高校产权管理四个维度重要性认知间存在显著正相关。其中，“产权界定”与其他三个维度均存在中度的显著正相关，“产权配置”与“产权监管”、“产权运作”分别存在低度和中度的显著正相关，“产权监管”与“产权运作”存在中度的显著正相关。

第二，假设2不完全成立。民办高校产权管理重要性认知的差异分析显示，不同年龄、职务、任职年限、办学层次、区域的民办高校管理者对产权管理重要性认知存在显著差异，但是学历和学校创办时间方面不存在显著差异。

第三，假设3成立。民办高校产权管理四个维度现实符合度的差异比较显示，民办高校产权管理四个维度现实符合度存在显著正相关。其中，“产权界定”与“产权配置”、“产权监管”、“产权运作”均呈中度的显著正相关，“产权配置”与“产权监管”、“产权运作”均呈中度的显著正相关，“产权监管”与“产权运作”呈中度的显著正相关。

第四，假设4不完全成立。民办高校产权管理现实符合度的差异分析显示，不同年龄、职务、任职年限、创办时间、办学层次、区域的民办高校产权利益相关者对产权管理现实符合度呈显著差异，但是学历方面不存在显著差异。

第五，假设 5 不完全成立。民办高校产权管理重要性认知和现实符合度的回归分析均显示，民办高校管理者对产权界定和产权监管重要性认知或现实符合度评价越高，其对产权运作的重要性认知或现实符合度评价也就越高。但是，对产权配置，重要性的认知与对产权运作在重要性认知和现实符合度方面均没有影响。

此外，在民办高校产权管理调查分析中，除了对研究假设进行验证外，还得出了研究假设中没有考虑到的情况，主要包括以下四个内容：

第一，在产权管理四个维度重要性认知差异比较中，民办高校管理者对产权配置重要性的认知最高，对产权监管维度重要性的认知最低。民办高校管理者对产权配置重要性认知显著高于产权运作，对产权界定重要性认知显著高于对产权监管重要性的认知，但对产权运作重要性的认知与对产权界定重要性的认知不存在差异。

第二，在产权管理现实符合度评价中，民办高校管理者对产权配置现实符合度的评价最好，对产权配置现实符合度评价显著高于对产权界定现实符合度的评价。

第三，在产权管理重要性与现实符合度的差异比较中，民办高校管理者在产权界定和产权运作两个维度各自重要性认知与现实符合度之间均呈显著负相关，民办高校管理者对现实符合度的评价显著低于其对重要性的认知。而产权配置和产权监管两个维度各自重要性认知与现实符合度之间不存在显著相关。

第四，民办高校产权管理法律政策合理性认知与产权管理重要性认知的回归分析显示，民办高校管理者对产权界定重要性认知和产权配置重要性认知越高，其对产权管理法律政策合理性的认知也就越高。

二、一些讨论

通过对民办高校产权管理的调查分析，调查结果主要表现在以下四个方面：

第一，不同创办时间的民办高校在产权界定现实符合度评价上存在显著差异。1993 年之前和 2003 年之后创办的民办高校均显著高于 1994—2002 年创办的民办高校，主要体现在民办高校法人财产权、资产过户的税费和手续、举办者原始投入的界定及其无形资产评估、举办者原始投入资产的权益保障政策、资产增值部分归属、合理回报比例等方面。

第二，不同职务群体和不同创办时间的民办高校在产权配置现实符合度评价上存在显著差异。一方面，民办高校董事长等举办者显著高于校长、副校长、教务处长等，主要体现在举办者在董事会或理事会中的权力、校长教育教学和行政管理职权的行使，以及出资人和校长之间的相互信任等方面。另一方面，1993 年之前和 2003 年之后创办的民办高校均显著高于 1994—2002 年创办的民办高校，主要体现在董事会或理事会中的权力、校长教育教学和行政管理职权的行使，以及出资人和校长之间的相互信任等方面。

第三，不同职务群体在产权监管现实符合度评价上存在显著差异。民办高校董事长等举办者在产权监管现实符合度评价上显著高于教务处长等，主要体现在教育行政部门对民办高校产权的监管方面。

第四，不同职务群体在产权运作重要性认知上存在显著差异，不同创办时间和不同办学层次以及不同区域的民办高校在产权运作现实符合度评价上存在显著差异。一是民办高校董事长等举办者在产权运作重要性认知上显著高于校长，主要体现在学校财产作价依据和债权债务处理办法、金融机构信贷支持力度等方面。二是 1993 年之前和 2003 年之后创办的民办高校在产权运作现实符合度评价上均显著高于 1994—2002 年创办的民办高校，民办本科院校和民办高职院校在产权运作现实符合度评价上均显著高于民办专科高校，主要体现在财务清算后的剩余财产分配比例和方法、产权优惠政策、财产作价依据和债权债务处理办法、举办者退出机制等方面。三是西部地区民办高校在产权运作现实符合度评价上显著高于东部地区民办高校，主要体现在民办高校筹融资方式、金融机构信贷支持力度等方面。

对于上述四个方面的研究结果，试进行讨论如下：

首先，关于不同创办时间的民办高校评价差异。1993 年之前创办的民办高校，办学时间 20 年以上，学校规模稳定、办学经验丰富。因此，产权界定方面并不是学校的主要关注点或已有稳妥的解决方法；学校内部治理结构和机制相对比较成熟；政府扶持力度和享受的优惠政策较大，举办者对学校未来发展抱有较大的信心，愿意继续办好学校。“2003 年以后”成立的民办高校，办学时间刚近 10 年，正处于初期发展阶段，侧重生源质量和师资队伍建设等方面。因此，产权界定方面的问题并不突出。为了加强学校管理，举办者注重校长等行政管理层人员的能力要求和相互间的沟通协作。面临逐渐完善的法律政策等学校发展的环境氛围，产权运作方面相对“1994—2002 年”创办的民办高校而言更强调规范性。而“1994—2002 年”创办的民办高校，介于前两者之间，正处在发展关键时期。学校资产和规模日益扩大，产权界定问题凸显；面对学校间的激烈竞争，举办者和校长容易在学校发展战略、办学理念和管理方式上相冲突；在产权运作方面需要不断适应法律政策并解决一些历史遗留问题，否则会影响学校的稳定发展。

其次，关于不同职务的群体评价差异。举办者和校长在民办高校行政系统中处于核心位置，他们对产权配置的重视程度直接影响学校的内部管理。民办高校董事长作为学校的举办者和出资人，对学校资产拥有直接的所有权和经营决策权，是民办高校产权的核心利益相关者，对于学校内部治理中的权力关系和行政事务管理、教育行政部门对学校资产财务的监管，以及学校办学经费的筹集等方面事务关注度高，注重资本运作，产权意识强烈。相对董事长而言，校长、副校长、教务处长等行政管理层对学校资产财务等运营方面关注度较少，主要负责学校日常教育教学事务的管理。

最后，关于不同地区的民办高校评价差异。相对西部地区民办高校而言，东部地区经济发达，民办高校规模大、发展迅速，在民办高校筹融资、金融机构信贷支持力度等方面能够获得政府更多的政策扶持。西部等经济欠发达地区民办高校需要各级政府和教育行政管理部门加大政策支持力度，包括税收优惠、政策扶持和金融机构信贷等；同时，拓宽民办高校筹融资渠道，健全产权运作机制，努力营造民办高校健康有序发展的环境。

第四章

国外私立高校产权管理的经验借鉴

国外私立高校经过长期发展演变，日益受到世界各国政府、社会的广泛关注，在各国教育发展中具有举足轻重的作用。美国私立高等教育处于世界领先地位，产权管理规范有序。在办学体制和文化传统等方面与我国有相似之处的日本私立高等教育近年来迅速发展。本章从私立高校发展与现状、教育经费情况、产权管理的政策措施等方面，分析美、日等国外私立高校核心价值导向和办学经费来源，总结政府通过立法和制度保障私立高校产权管理的做法和经验，为我国民办高校产权管理提供借鉴。

第一节　国外私立高校产权管理概述

美国、加拿大、日本等国政府对私立高校都持以下观点：私立高校（尤其是公益性私立高校）和公立高校的主要区别在于高等教育服务的提供主体和提供方式不同，本质上而言两者都是社会公共事业的重要组成部分。因此，政府对私立高校给予了与公立高校同等的政策待遇。政府不仅保障私立高校的办学自主权，还在学生资助、科研经费、税费优惠等方面予以扶持。

政府大力扶持保障私立高校发展。美国政府设立了很多支持高校发展的基金（尤其是科研基金），均对私立高校开放，私立大学可以平等竞争。德国大多数情况下是由州政府以财政补贴方式来参与对私立高校的资助。根据德国基本法，私立高校可申请包括基本建设、大型仪器设备购置等在内的各项经费，公平地争取竞争性研究基金。韩国私立高校主要财政来源是学费、中央和地方政府津贴、学校基金，其中学费所占比例最高。20 世纪 90 年代以来，韩国政府逐渐加大对私立大学的财政支持力度，通过各种直接和间接补助，不断增加对私立高校的投入。从办学发展实际结果看，在私立高等教育比较发达的国家，政府和私立高校之间的关系比较融洽，政府既对私立高校的发展提供必要的支持帮助，同时也充分履行监督、评价等方面的职责，确保其规范办学。

注重保障私立高校办学自主权。日本2006年修订的《教育基本法》明确规定："鉴于私立学校具有公共性质和在学校教育中发挥着重要作用，国家和地方公共团体必须尊重其自主性，采取扶助及其他适当的方法，致力于私立学校教育的振兴。"[①]从法律上保障了私立学校的办学自由。德国鼓励民间办学，把"办学多样性"以及"办学自由"视为多元化办学的公共任务。法国允许自由创办学校，符合条件的个人或机构均可创办学校。英国鼓励商业公司涉足高等教育领域，允许私立大学进行可营利性经营。

依法监管办学行为保证教育公益性。各国注重加强对私立高校的管理、监督和评价，通过相关法律和评价机制将办学行为置于国家监督之下。德国各级政府把加强教育监管当作国家赋予自身的义务，《高等教育法》从学生入学资格、师资聘用、学科建设以及资质认定等方面对私立学校做出要求。州政府与教育管理部门不再参与高校的具体发展规划与细节管理，而是与高校共同协调未来的发展战略目标[②]。英国所有的私立学校都必须接受相关机构的检查和管理。日本《私立学校法》《学校教育法》规定，私立学校作为系统的学校制度的一个组成部分，必须顾及大多数学生的利益，它是一种公益性事业。《私立学校振兴助成法》规定，接受援助的私立学校必须接受行政主管部门的强制监督。2003年韩国教育部颁布了《对私立大学的内外部监察方案》，目的在于提高私立大学的财政透明度，加强私立大学公益性[③]。

完善内部治理结构增强社会适应力。德国私立高校必须按照各州高等教育法的规定，设立等同于国立高校的管理机构，如校务委员会、学术委员会、高校委员会等，在重大问题上保证学生、教师和教辅人员参与权。英国私立学校的最高行政机构是董事会，负责与学校继续发展相关的战略规划、策略、

① 张德伟.日本新《教育基本法》(全文)[J].外国教育研究，2009，36(3)：95-96.

② 曹昱晨.德国北威州新修订《高等教育法》[J].世界教育信息，2019，32(17)：75.

③ 吴春玉.韩国私立高等教育的若干特点[J].教育评论，2004，(5)：91-93.

计划的制订以及投资融资方面的决议。董事会以下的执行机构则是学校的管理团队，主要负责落实董事会的决议以及进行日常学校运行管理。学校会根据自身特色和架构来建立管理团队，但一般都包括校长、副校长、校长助理、教学主管、市场运营及公共关系主管、各年级主管等。韩国《教育法》规定，在私立大学内设理事会作为最高政策审议与决定的机构。《私立学校法》规定，理事会的职能包括决定学校的预、决算，决定学校的法人合并与解散，以及学校有关人员的任免等。

第二节　美国私立高校产权管理概述

美国私立高等教育在世界高等教育中处于领先地位，其中有许多世界一流大学。私立高校通常由接受非公共资金资助的个人或机构所控制，学校的运营和核心管理人员并非由政府选派或任命。根据统计资料和研究需要，结合已有分类方法，本书将美国私立高校划分为学位授予型私立高校和非学位授予型私立高校两大类型，每类均包含非营利性私立高校和营利性私立高校。本书中的美国私立高校，是指具有学位授予权的非营利性私立高校和营利性私立高校。学校的产权管理主要体现在学校教育经费收入和支出情况、公益性实现的重要条件、政府的财政资助和税收优惠，以及学校内部权力结构及其权利规范等方面。

一、美国私立高校的发展与现状

美国私立高校的起源可追溯至殖民地时期，在办学模式上主要仿照英国牛津大学和剑桥大学，大多受教会控制。1776 年美国独立前共有 10 所私立高校，例如成立于 1636 年的哈佛学院和 1701 年的耶鲁学院等，接受政府资助是这一时期私立高校的主要特征。独立战争到南北战争期间，随着国家教育体系的不断完善和制度环境的日益改善，美国私立高校受到法律保障并逐渐发展。1862 年《莫雷尔法案》的颁布，对私立高校的发展产生了重要影响。随着州立大学和赠地学院的发展，与之类似性质的非营利性私立高校开始建立，麻省理工学院就创办在这一时期。南北战争后，国内社会经济快速发展，涌现出了一大批私立高校，例如约翰霍普金斯大学、斯坦福大学和芝加哥大学等不少知名的非营利性私立高校纷纷创办于这一时期。同时，受到政府管制的营利性私立高校处于发展困难时期。

20 世纪中期以来，美国政府颁布了一系列资助私立高校的法案，如《国防教育法》《高等教育法》等。同时，高等教育进入大众化发展阶段，私立高校得到了蓬勃发展，营利性私立高校发展尤为迅速。例如，阿波罗集团旗下的凤凰城大学在 1996 年上市之后的短短三年内，就发展成为美国规模最大的私立高校。这一时期，营利性私立高校从最初的内源式融资、单一的产权结构，逐渐发展成内外结合式融资、资本运营的股份制产权结构。营利性私立高校通过银行贷款获得短期资金，在股票市场进行股权融资，以至于像哈佛大学这样的非营利性私立高校也通过捐资基金会，成为营利性私立高校的重要投资者。

目前，美国非营利性私立高校居于主导地位，营利性私立高校发展迅速。美国国家教育统计中心有关数据显示，2000 年至 2010 年，美国私立高校总数从 2 484 所增加至 2 943 所，增长幅度为 18%。私立高校数量占高校总规模的比例，由 2000 年的 59% 增长至 2010 年的 64%。其中，非营利性私立高校数有所降低，平均规模维持在 1 648 所，从 2000 年的 1 695 所减少至 2010 年的 1 630 所。营利性私立高校逐年增长，从 2000 年的 789 所增加至 2010 年的 1 313 所，增长幅度为 66%。此外，美国私立高校在校生规模快速发展，从 2000 年的 355. 95 万人增加至 2010 年的 587. 33 万人，增长幅度为 65%。私立高校在校生数占高校在校生总规模的比例，由 2000 年的 23% 增长至 2010 年的 28%。其中，非营利性私立高校在校生数保持平稳增长，从 2000 年的

310.94 万人增加至 2010 年的 385.49 万人，增长幅度为 24%。营利性私立高校在校生规模从 2000 年的 45.01 万人猛增至 2010 年的 201.84 万人，增长了约 3.5 倍。

二、美国私立高校教育经费情况

（一）教育经费收入情况

从经费来源看，美国私立高校经费收入包括学杂费收入、联邦政府资助、州政府资助、地方政府资助、社会捐赠收入、投资回报收入、教育活动收入、附属企业收入、医院收入和其他收入等 10 个统计指标，非营利性高校与营利性高校的教育经费收入构成略有不同。其中，政府资助包括拨款、赠款和合同等，社会捐赠主要指个人和企业的实物赠予、赠款和合同等，附属企业指为学生、教师和工作人员提供服务并收取一定费用以维持运营成本的自我管理的机构，例如学生宿舍、餐饮服务和校内商店等。

有关资料显示，1999 年至 2009 年，美国非营利性私立高校教育经费收入从 1 206.28 亿美元增长至 1 686.89 亿美元，增长幅度为 40%，平均值为 1 297 亿美元。其中，学杂费收入是教育经费最主要的收入来源，从 1999 年的 296.52 亿美元，快速增长至 2009 年的 563.56 亿美元，增长幅度为 90%。此外，联邦政府资助、社会捐赠收入和投资回报收入是教育经费主要的收入来源。联邦政府资助是资助收入的主要部分，保持逐年增长趋势，从 2000 年的 121.92 亿美元，增长至 2009 年的 229.14 亿美元；社会捐赠收入在 2007 年达到最高值 209.92 亿美元，随后呈下降趋势；投资回报收入的起伏波动较大，2001 年和 2008 年均为亏损，2006 年达到最大值 559.08 亿美元。在 2010 年非营利性私立高校教育经费收入中，学杂费收入占 33.4%，联邦政府资助占 13.6%，社会捐赠占 10.7%，投资回报收入占 16.9%（见表 46）。

表 46　1999—2009 年美国非营利性私立高校教育经费收入（亿美元）

年份	学杂费	联邦政府资助	州政府资助	地方资助	社会捐赠	投资回报	教育活动	附属企业	医院	其他	总计
1999 年	296.52	121.92	11.18	5.80	164.89	377.64	28.66	83.18	72.09	44.40	1206.28
2001 年	334.99	147.90	13.04	4.93	153.94	—65.45	32.21	93.18	80.84	47.89	843.47
2002 年	360.19	166.25	15.14	4.75	143.80	93.40	30.56	98.34	89.42	54.86	1056.71
2003 年	385.06	183.36	14.56	4.86	158.48	308.97	32.90	103.26	96.58	54.30	1342.33
2004 年	413.94	196.99	14.70	4.88	167.39	304.32	35.96	108.24	103.78	51.31	1401.51
2005 年	442.63	196.83	15.59	5.17	183.47	356.35	37.16	116.11	115.37	58.77	1527.45
2006 年	474.81	201.94	16.26	5.39	201.93	559.08	41.05	122.92	126.37	74.06	1823.81
2007 年	507.36	202.05	18.57	5.28	209.92	64.47	48.50	129.29	133.00	74.07	1392.51
2008 年	537.08	210.24	18.16	5.75	176.72	—642.05	47.91	135.59	148.03	53.21	690.64
2009 年	563.56	229.14	17.22	4.71	180.17	284.26	48.22	140.80	165.41	53.40	1686.89

资料来源：美国国家教育统计中心 1999 年至 2009 年美国非营利性私立高校教育经费收入 [EB/OL].（2011—11—30）[2013—02—20].http://nces.ed.gov/programs/digest/d11/tables/dt11_370.asp.

有关资料显示，1999 年至 2009 年（部分年份数据缺失），美国营利性私立高校教育经费收入呈逐年增长趋势，从 1999 年的 43.23 亿美元，增长至 2009 年的 246.85 亿美元，增长了 5.7 倍。其中，学杂费收入是教育经费最主要的收入来源，从 1999 年的 37.21 亿美元，增长至 2009 年的 223.74 亿美元，增长了 6 倍，平均值为 128.26 亿美元。联邦政府资助是第二大主要的经费收入来源，近年来增长迅猛，从 1999 年的 1.99 亿美元，增长至 2009 年的 19.51 亿美元，增长了 9.8 倍。在 2009 年营利性私立高校教育经费收入中，学杂费收入占 91%，联邦政府资助占 8%（见表 47）。

表 47　1999—2009 年美国营利性私立高校教育经费收入（亿美元）

年份	学杂费	联邦政府资助	州政府和地方资助	社会捐赠	投资回报	教育活动	附属企业	其他	总计
1999 年	37.21	1.99	0.72	0.02	0.19	0.71	1.57	0.82	43.23
2004 年	95.67	6.74	0.63	0.07	0.25	2.32	2.52	1.59	109.79
2005 年	110.17	8.00	0.67	0.04	0.44	1.95	2.70	1.90	125.87
2006 年	123.30	7.26	0.70	0.04	0.49	2.46	3.12	2.42	139.78
2007 年	140.30	9.60	0.68	0.05	0.65	2.90	3.52	3.15	160.84
2008 年	167.40	14.08	1.30	0.80	0.39	3.68	3.96	2.13	193.74
2009 年	223.74	19.51	1.14	0.38	0.40	4.36	4.85	—7.54	246.85

资料来源：美国国家教育统计中心 1999 年至 2009 年美国营利性私立高校教育经费收入 [EB/OL].（2011—10—30）［2013—02—20］.http://nces.ed.gov/programs/digest/d11/tables/dt11_372.asp.

（二）教育经费支出情况

从经费用途看，美国私立高校经费支出包括教学支出、科研支出、社会服务支出、学术支持支出、学生服务支出、教学支持支出、附属企业费用支出、学生无偿援助支出、医院费用支出、自营机构支出和其他支出等 11 个统计指标，非营利性私立高校与营利性私立高校教育经费支出构成略有不同。其中，教学支出包括学校各部门进行教学活动以及工资、职工福利、支付服务等方面开支。教学支持支出包括为保障学校教学运转的开支，如一般行政性服务、行政规划管理、财务资产运行和社区关系等方面的支出。

有关资料显示，1999 年至 2009 年，美国非营利性私立高校教育经费总支出呈逐年增长趋势，从 806.14 亿美元增长至 1 451.4 亿美元，增长幅度为 80%。其中，教学支出是教育经费最主要的支出内容，从 1999 年的 260.13 亿美元，增长至 2009 年的 412.23 亿美元，增长幅度为 83%。教学支持支出是教育经费第二大主要支出内容，从 1999 年的 105.86 亿美元，增长至 2009 年的 194.33 亿美元，增长幅度为 84%。社会服务支出和科研支出稳定增长，平均值分别为 19.08 亿美元和 123.83 亿美元。在 2009 年非营利性私立高校教育经费支出中，教学支出占 32.7%，教学支持支出占 13.4%，社会服务支出占 20.9%，科研支出占 11.1%（见表 48）。

表 48　1999—2009 年美国非营利性私立高校教育经费支出（亿美元）

年份	教学支出	科研支出	社会服务支出	学术支持支出	学生服务支出	教学支持支出	附属企业支出	学生无偿援助支出	医院费用支出	自营机构支出	其他支出	总计
1999 年	260.13	83.82	14.47	65.11	56.88	105.86	83.00	11.81	73.55	27.54	23.97	806.14
2000 年	276.07	90.26	14.73	73.68	61.17	114.34	90.11	11.76	72.55	31.35	20.22	856.24
2001 年	296.89	100.35	16.66	78.03	65.73	120.68	95.16	11.89	76.33	33.98	26.22	921.92
2002 年	320.62	110.80	18.78	81.57	70.96	131.58	99.36	11.74	75.86	38.80	37.41	997.48
2003 年	339.09	120.40	19.72	87.60	75.44	139.51	105.09	11.02	83.74	42.23	19.34	1043.18
2004 年	362.58	128.13	20.00	93.42	81.92	146.90	109.44	10.70	91.81	42.24	16.80	1103.94
2005 年	384.65	132.42	19.42	102.17	89.66	156.67	117.41	7.08	96.45	42.04	20.21	1168.18
2006 年	412.23	137.04	20.37	108.82	95.91	168.31	124.51	7.28	104.00	46.80	20.29	1245.56
2007 年	442.26	144.74	21.83	118.84	103.63	183.65	133.20	7.21	107.55	48.88	23.24	1335.03
2008 年	464.53	152.63	22.99	125.80	110.12	194.01	137.08	7.58	119.31	51.58	27.87	1413.5
2009 年	474.86	161.55	20.90	129.39	114.16	194.33	138.87	8.32	131.74	51.55	25.73	1451.4

资料来源：美国国家教育统计中心 1999 年至 2009 年美国非营利性私立高校教育经费收入 [EB/OL].（2011—10—30）[2013—02—20] .http://nces.ed.gov/programs/digest/d11/tables/dt11_379.asp.

有关资料显示，1999 年至 2009 年，美国营利性私立高校教育经费总支出呈逐年增长趋势，从 38.47 亿美元快速增长至 199.73 亿美元，增长了 4 倍。其中，教学支出是教育经费最主要的支出内容，从 1999 年的 11.72 亿美元，增长至 2009 年的 47.51 亿美元，增长了 3 倍。此外，学生服务、学术支持和教学支持三部分总支出逐年增加，从 1999 年的 20.42 亿美元，迅速增长至 2009 年的 130.87 亿美元，增长了 5.4 倍。在 2009 年营利性私立高校教育经费支出中，教学支出占 23.8%，学生服务、学术支持和教学支持总支出占 65.5%（见表 49）。

表 49　1999—2009 年美国营利性私立高校教育经费支出（亿美元）

年份	教学支出	科研和社会服务支出	学生服务支出，学术和教学支持支出	附属企业支出	学生无偿援助支出	其他支出	总计
1999 年	11.72	0.25	20.42	1.44	0.26	4.38	38.47
2000 年	13.10	0.23	23.37	1.81	0.44	3.41	42.36
2001 年	15.17	0.17	29.77	2.13	0.23	3.40	50.87
2002 年	17.48	0.18	36.70	2.40	0.36	3.98	61.10
2003 年	18.84	0.09	45.93	2.49	0.56	5.73	73.64
2004 年	23.14	0.08	56.93	2.70	0.55	4.91	88.31
2005 年	25.87	0.08	65.69	2.77	0.67	7.01	102.09
2006 年	28.84	0.06	77.60	3.33	0.68	11.01	121.52
2007 年	32.38	0.10	93.23	4.22	0.82	8.66	139.41
2008 年	38.71	0.10	110.05	3.97	0.44	10.38	163.65
2009 年	47.51	0.13	130.87	4.66	1.20	15.36	199.73

资料来源：美国国家教育统计中心 1999 年至 2009 年美国营利性私立高校教育经费支出 [EB/OL].（2011—10—30）［2013—02—20］.http://nces.ed.gov/programs/digest/d11/tables/dt11_381.asp.

三、美国私立高校产权管理的政策措施

美国私立高校在产权管理方面的政策措施，主要包括各界支持和保障私立高校的公益性导向、政府对私立高校给予财政资助和税收优惠，以及学校内部权力结构及其权利规范等内容。

（一）各界支持和保障私立高校的公益性导向

公益性是美国私立高校的鲜明特点，非营利性私立高校在私立高校中占多数。2010 年，美国高校总数 4 599 所，包括 1 656 所公立高校和 2 943 所私立高校。其中，非营利性高校 1 630 所，占私立高校总量的 55%。此外，办学水平高、为社会经济发展作出卓越贡献的私立高校均不以营利为目的，例如哈佛大学、耶鲁大学、普林斯顿大学、斯坦福大学和麻省理工学院等。

为了保障非营利性私立高校的公益性，美国州政府通过法律措施对私立高校进行规范管理。例如，加州和纽约州法律规定，非营利性机构解散时，应依据机构章程规定处理收益和剩余财产，不能将其在机构成员之间分配，可将其捐赠给从事相似行业中的非营利性机构。[①] 同时，积极筹措办学经费和加强社会捐赠是美国私立高校公益性实现不可或缺的重要条件。

美国私立高校的发展离不开充足的办学经费。积极筹措办学经费，能够使学校不至于因经费短缺而陷入困顿。能否为学校战略的有效实施争取充足的资金，已经成为衡量美国私立高校持续发展的重要指标。作为世界顶尖私立高校之一，在哈佛大学发展历程中，历任校长一直为解决经费短缺问题而积极筹措经费。在艾略特任校长的四十年里，学校捐赠基金总额从 200 万美元增加到 2 300 万美元。在洛厄尔任校长的二十四年中，学校捐赠基金总额增长到了 1 亿美元[②]。1948 年，艾森豪威尔担任哥伦比亚大学校长之后，便实

① HANSMANN H B.Reforming nonprofit corporation law[J].University of Pennsylvania Law Review,1981,129（3）:497.

② 王英杰．大学校长与大学的改革和发展：哈佛大学的经验 [J]. 比较教育研究，1993,（5）：4，6.

行一系列计划来大力争取社会资助，既提高了教师薪金，又使得研究生院的发展朝气蓬勃。

美国私立高校拥有深厚的捐赠传统，企业家愿意捐赠资产于高等教育，尤其是非营利性高等教育的发展。这与美国社会资本的成熟度、教育捐赠制度的设计以及历史文化传统等因素紧密相关。同时，美国私立高校大都成立了捐赠基金会，由基金会统一管理财务经费，从制度上避免了组织和个人通过大学获取利益。通常情况下，机构的捐助人通过捐资建立捐赠基金，有权规定基金收益的使用用途。机构或其代表负责运用捐赠资金进行投资管理。捐赠基金通常包括账面价值和市场价值两个方面，一般以市场价值来衡量捐赠基金的规模。

有关资料显示，2010 年美国高校捐赠基金市值为 3 557.91 亿美元。在捐赠基金市值最多的前 100 所高校中，公立高校共计 29 所，私立高校共计 71 所，其中包括 70 所非营利性私立高校和 1 所营利性私立高校。这 71 所私立高校捐赠基金总额在 100 所高校捐赠基金总额、全国高校捐赠基金总额中的比例分别为 77% 和 55%。捐赠基金市值最高的前 5 所私立高校分别是哈佛大学（275.57 亿美元）、耶鲁大学（165.04 亿美元）、普林斯顿大学（147.61 亿美元）、斯坦福大学（138.51 亿美元）和麻省理工学院（83.17 亿美元）。哈佛大学网站统计数据显示，2011 年，哈佛大学捐赠基金市值达到了 320.13 亿美元，投资回报率 21.4%，占学校运营总收入的 31.6% (见表 50)。

表 50　2010 年捐赠基金额最多的 100 所美国私立高校（亿美元）

名称	类型	排名	金额	名称	类型	排名	金额
哈佛大学	非营利性	1	275.57	普林斯顿大学	非营利性	3	147.61
耶鲁大学	非营利性	2	165.04	斯坦福大学	非营利性	4	138.51

续表

名称	类型	排名	金额	名称	类型	排名	金额
麻省理工学院	非营利性	6	83.17	南加州大学	非营利性	22	29.48
纽约哥伦比亚大学	非营利性	7	65.17	纽约大学	非营利性	24	24.10
宾夕法尼亚大学	非营利性	9	56.69	约翰霍普金斯大学	非营利性	25	22.27
圣母诺特丹大学	非营利性	11	53.41	布朗大学	非营利性	27	21.79
芝加哥大学	非营利性	12	49.05	波士顿学院	非营利性	33	16.48
埃默里大学	非营利性	13	48.41	加州理工学院	非营利性	34	16.31
杜克大学	非营利性	14	48.24	里士满大学	非营利性	35	16.17
西北大学	非营利性	15	47.27	威廉姆斯学院	非营利性	37	14.68
圣路易斯华盛顿大学	非营利性	16	45.60	凯斯西储大学	非营利性	38	14.62
莱斯大学	非营利性	18	38.36	波莫纳学院	非营利性	39	14.59
康奈尔大学	非营利性	19	34.13	乔治·华盛顿大学	非营利性	40	13.94
达特茅斯学院	非营利性	20	31.37	阿默斯特学院	非营利性	41	13.86
范德堡大学	非营利性	21	30.08	罗切斯特大学	非营利性	42	13.68

续表

名称	类型	排名	金额	名称	类型	排名	金额
宾夕法尼亚州立大学	非营利性	44	13.50	利哈伊大学	非营利性	61	9.4
威尔士利学院	非营利性	45	13.30	叶史瓦大学	非营利性	63	9.22
格林内尔学院	非营利性	46	12.65	维克森林大学	非营利性	64	9.21
斯沃斯莫尔学院	非营利性	47	12.49	路易斯安那杜兰大学	非营利性	66	8.73
史密斯学院	非营利性	48	12.44	贝勒大学	非营利性	67	8.72
塔夫斯大学	非营利性	49	12.14	三一大学	非营利性	68	8.62
南卫理公会大学	非营利性	52	10.69	伯里亚学院	非营利性	69	8.47
得克萨斯基督教大学	非营利性	53	10.38	普林斯顿神学院	非营利性	71	8.15
佛罗里达大学	非营利性	54	10.38	卡内基梅隆大学	非营利性	72	8.12
波士顿大学	非营利性	55	10.22	杨百翰大学	非营利性	73	8.08
华盛顿和李大学	非营利性	56	10.08	米德伯里学院	非营利性	75	7.83
乔治敦大学	非营利性	57	10.07	贝勒医学院	非营利性	76	7.68
威尔康奈尔医学院	非营利性	59	9.65	鲍登学院	非营利性	78	7.54

续表

名称	类型	排名	金额	名称	类型	排名	金额
瓦萨学院	非营利性	80	7.13	布兰迪斯大学	非营利性	92	6.2
圣路易斯大学	非营利性	81	7.08	科尔盖特大学	非营利性	93	6.19
塔尔萨大学	非营利性	82	6.92	迈阿密大学	非营利性	94	6.18
锡拉丘兹大学	非营利性	83	6.89	汉密尔顿学院	非营利性	95	6.07
茱莉亚音乐学院	非营利性	88	6.59	圣塔克拉拉大学	非营利性	96	6.04
奥伯林学院	非营利性	89	6.45	贝瑞学院	非营利性	98	6.01
伦斯勒理工学院	非营利性	91	6.3	71 所私立高校	1 943.15		
前 100 所高校	2 533.11			全国高校	3 557.91		

资料来源：2009 年至 2010 年捐赠基金最多的前 120 名美国高校[EB/OL].(2011—11—30)[2013—02—20].http://nces.ed.gov/programs/digest/d11/tables/dt11_376.asp.

（二）政府对私立高校给予财政资助和税收优惠

美国法律制度保障了私立高校的发展，为其有效运行提供了制度规范和保障。19 世纪中期颁布的《莫雷尔法案》就有相关条款。随后，《国防教育法》规定，由联邦政府向非营利性私立高校提供贷款。1956 年，为了给高校发展提供更好的资助，联邦政府颁布了具有里程碑意义的第一部针对高等教育的立法——《高等教育法》，第四章的学生资助部分提出了实施联邦学生财政援助计划，为联邦学生提供免费援助申请服务，包括奖学金、助学金、勤工助学、学生贷款和税收优惠等援助类型。凡是符合第四章条款资格的机构，必须是达到参与联邦学生财政援助计划的标准的高等教育机构，包括公立高校、非营利性私立高校、营利性私立高校，以及公立或非营利性高等职业学校。此外，这类机构还必须拥有法律授权，获得资格认证，开设合格的学术课程，具备行政能力并承担经济责任。

依据资助主体和资助方式的不同，美国政府对私立高校的财政资助可以分为三个资助层次和三种资助方式。从资助主体看，政府对私立高校的财政资助包括联邦政府资助、州政府资助和地方政府资助这三个层次。以占主体的联邦政府资助来说，目前主要有三种资助方式。一是联邦政府与私立高校签订科研开发和投入合同，通过增加科研经费来资助水平较高、实力较强的私立高校。二是通过助学金、勤工俭学和助学贷款等方式给学生提供经济援助，从而达到增加学校办学经费的目的。三是联邦政府根据政府年度发展规划，通过重点项目对私立高校进行资助。

此外，与公立高校经费投入结构不同，州政府和地方政府对私立高校的资助力度相对较小，除了为私立高校学生提供奖助学金以外，主要方式为税收优惠政策。美国政府规定，对于非营利性私立高校资产中属于学校产权的房地产、社会捐赠、捐赠基金及其收益，以及校办产业等可以依法享受免税优惠[①]。根据《美国法典》中关于慈善和捐赠等方面的第一百七十条规定，企业和个人向学校等非营利性组织的捐赠，免征收入所得税。其中，任何慈善性捐赠总额不能超过纳税人纳税年度缴费基数的30%，企业的捐赠总额不能超过纳税人纳税年度缴费基数的50%。类似地，在《美国法典》中关于国内税收法规部分的收入所得税第五百零一条规定，用于教育、不以营利为目的的机构或组织，在不将其获得的收益用于个人或股东时，免征收入所得税。而对于营利性私立高校，向其进行的慈善和捐赠并不享受与非营利性私立高校类似的抵税政策。

① 张迪晨．美国私立大学发展对我国民办高校发展的启示[J]．中国成人教育，2010，(2)：121.

有关资料显示，2009 年，美国高校共计获得 774.98 亿美元联邦政府资助。在获得资助最多的前 100 所高校中，公立高校共计 68 所，私立高校共计 32 所，其中包括 30 所非营利性私立高校和 1 所营利性私立高校。这 32 所私立高校获得联邦政府资助总额在前 100 所高校获得联邦政府资助总额、全国高校获得联邦政府资助总额中的占比分别为 46% 和 25%。获得联邦政府资助最多的前 5 所私立高校分别是加州理工学院（20.15 亿美元）、约翰霍普金斯大学（20.14 亿美元）、芝加哥大学（14.41 亿美元）、麻省理工学院（11.71 亿美元）和斯坦福大学（8.61 亿美元）（见表 51）。

表 51　2009 年获得联邦政府资助额最多的 32 所美国私立高校（亿美元）

名称	类型	排名	金额	名称	类型	排名	金额
加州理工学院	非营利性	1	20.15	威尔康奈尔医学院	非营利性	12	6.98
约翰霍普金斯大学	非营利性	2	20.14	哈佛大学	非营利性	16	6.21
芝加哥大学	非营利性	3	14.41	霍华德大学	非营利性	20	5.61
麻省理工学院	非营利性	4	11.71	杜克大学	非营利性	21	5.42
斯坦福大学	非营利性	6	8.61	圣路易斯华盛顿大学	非营利性	24	5.22
纽约哥伦比亚大学	非营利性	7	8.00	耶鲁大学	非营利性	25	5.10
宾夕法尼亚大学	非营利性	9	7.71	南加州大学	非营利性	26	4.75
纽约大学	非营利性	11	7.26	范德堡大学	非营利性	27	4.70

续表

名称	类型	排名	金额	名称	类型	排名	金额
卡普兰大学达文波特分校	营利性	29	4.54	乔治·华盛顿大学	非营利性	62	2.75
埃默里大学	非营利性	36	4.14	西奈山医学院	非营利性	64	2.73
西北大学	非营利性	41	3.82	波士顿大学	非营利性	66	2.65
康奈尔大学	非营利性	42	3.56	迈阿密大学	非营利性	70	2.54
凯斯西储大学	非营利性	48	3.30	普林斯顿大学	非营利性	73	2.41
贝勒医学院	非营利性	55	3.17	维克森林大学	非营利性	90	1.69
罗切斯特大学	非营利性	56	3.08	路易斯安那杜兰大学	非营利性	93	1.63
卡内基梅隆大学	非营利性	59	2.86	叶史瓦大学	非营利性	99	1.55
32 所私立高校	193.71	前 100 所高校		420.66	全国高校	774.98	

资料来源：美国国家教育统计中心《教育统计摘要》。

（三）私立高校内部权利结构及其权利规范

美国私立高校建立了比较完善的内部管理制度，为私立高校公益性的实现提供了有力保障。董事会制度是私立高校内部管理的显著特征，董事会领导下的校长负责制是学校内部管理的重要组成部分。一方面，由于法规制度对董事会的职责和权限、人员构成和任期等方面有明确的规定，董事会开展各项活动均有章可依。例如，董事会成员构成社会化程度很高。非营利性私立高校董事会的成员大都由不同身份和地位的社会人士组成，举办者及其亲属所占的比例较小。同时，由于接受各级政府的财政资助，政府人员在董事会中也占有一定比例。这是私立高校保持公益性及其产权的社会属性的有力保障。此外，董事会作为私立高校的法定所有者，是学校的最高权力机构，制定学校发展方针，维持学校日常经营运转，在人事任免、财政方面都享有决策权。另一方面，由于董事会成员多是由校外非教育、非学术人员担任，因此董事会将学校日常事务管理交给校长负责。于是，在学校内部管理中所有权和控制权分离开来。校长既是董事会的重要成员，又是学校最高行政管理者，向董事会负责，处理学校日常行政事务，具体实施董事会制定的方针政策。在学校资产财务管理和运作等方面，各私立高校均有着明确规定和分工安排。

哈佛大学的董事会作为最高决策机构统领全校，负责学校重大决策，制定学校政策和长远规划，制约校长及其下属的教务长和执行副校长。监事会制约董事会，负责审批学校的重要政策和决定。校长负责学校的行政事务，职权包括人事任命权、财务审核权、终身教授职位审定权。教务长和执行副校长协助校长并领导各院系负责人①。

麻省理工学院的最高管理机构是董事会。董事会主要研究和决定学校财政及其他重大方针政策。董事长、校长、副校长兼财务主管、董事会秘书、校友协会主席都是董事会的当然成员②。学校设有投资管理公司。在执行委员会的监管下，投资管理公司的主要任务有三个方面。一是出售、转让、投资个人和学校不动产的全部或部分财产。除特殊情况外，这些财产包括学校的所有资金和特殊准备金，例如学生贷款资金等。二是可以授权公司的投资

① 哈佛大学.哈佛大学组织结构[EB/OL].(2012-7-12)[2013-02-20].http://www.provost.harvard.edu/institutional_research/harvard_fact_book_2010-11_web.pdf.

② 麻省理工学院.麻省理工学院董事会成员[EB/OL].(2012-7-12)[2012-12-07].http://web.mit.edu/corporation/bylaws/by2.html.

经理全权处理上述业务内容。三是经学校执行委员会授权，可以提供诸如投资和债务管理服务，以及其他与学校的资产和经济利益相关的服务[①]。

哥伦比亚大学的最高权力机构是董事会，校长是董事会成员之一。董事会拥有一切事务的最终决策权，包括制定大学财务和投资政策、批准学校财务预算、监管基金会、直接管理学校的不动产和其他资产，监管学校的行政管理。理事会负责审查学校的教育方针、预算以及大型的外部关系。校长是学校的首席执行官，拥有处理一切事务的权力，同时也受董事会的约束。教务长和高级执行副校长协助校长进行大学行政事务管理工作，直接对校长负责。其中，高级执行副校长负责财务资产管理和学校的行政运营服务管理，直接领导执行副校长和高级行政管理人员。执行副校长负责学校的预算和财务会计制度，指导学校的长期财务规划并监管学校捐赠基金的投资。高级行政管理人员中，掌管学校预算和财务规划的副校长具体负责开发管理学校的运营和资本预算，协调全校的财务规划，并对财政政策和方针提出建议。学校投资管理公司总裁负责开发学校的投资政策和投资组合。审计主任负责维护学校的财务会计制度，执行会计政策，管理学校的工资、津贴、财务合同、工作报告、固定资产清单等。财务主任负责学校的投资风险管理、现金管理、信托业务、资本融资等[②]。

不难看出，在美国私立高校内部管理中，各种群体的利益诉求都有可能对学校的发展产生有利或不利的影响。董事会的权责边界分明，能有效驾驭全局。校长可以按照确切的责任规定，明晰自身行使权力的范围，能最大限度地发挥主动性和创造性。因此，校长在处理学校资产财务过程中，必须妥善协调校内外各方利益群体的产权关系，在保持大学独立性的同时，满足不同利益群体的需要，既要善于调动各方积极性，为学校发展创造机会；又要

---

① 麻省理工学院．麻省理工学院投资管理公司[EB/OL].（2012-07-12）[2012-12-07].http://web.mit.edu/corporation/bylaws/by16.html.

② 哥伦比亚大学．哥伦比亚大学的组织与管理[EB/OL].（2012-06-20）[2012-12-07].http://www.columbia.edu/cu/vpaa/handbook/organization.html#administration.

善于化解内外矛盾，保持学校的相对独立性，避免学校陷入困境，为学校营造良好的内外部发展环境。

第三节　日本私立高校产权管理概述

日本私立高校近年来发展迅速，在机构数量和在校生总数上均占据全国高校的绝对多数，为教育事业的发展作出了重要贡献。日本私立高校在产权管理方面主要体现在学校教育经费收入和支出情况、私立高校公益性的法律保障、政府对私立高校的财政资助和税收优惠，以及学校内部权力结构及其权利规范等方面。修订后的《教育基本法》（2006）第六条规定，具备建立学校法律资格的只有中央政府、地方政府和法人[①]。因此，日本高校可分为国立高校、公立高校和私立高校三种类型。私立高校主要包括私立大学、私立大专以及私立技术学院。为了便于比较，这里的日本私立高校数据统计范围包括私立大学和私立大专两个层次。

一、日本私立高校的发展与现状

日本私立高等学校的创办可上溯至德川幕府时代。幕府晚期的私立学校是日本现代私立高校的前身。私立学校并不在幕府将军或当地政府控制之中，而是作为独立的实体运营，为不同社会地位的学生提供适量生活补贴和基本教育设施。明治维新时期，日本现代意义的私立高校产生。作为日本现今顶尖私立大学的代表，庆应义塾大学和早稻田大学就孕育于这一时期。庆应义塾大学由福泽谕吉创办于1858年，始于英语学科，是日本第一所私立高

① 日本文部科学省.教育基本法[EB/OL].(2012-07-13)[2013-02-20].http://www.mext.go.jp/english/lawandplan/1303462.htm.

校[①]。早稻田大学由大隈重信创立于1882年，开设了政治学、法学、英语、物理等学科[②]。小野梓是学校的主要资助者，他捐赠的遗产为学校的发展奠定了基础[③]。

1918年《大学令》的颁布，在日本高等教育发展史上具有里程碑意义，标志着日本私立高等教育法律地位的确立。《大学令》规定，除国家办学以外，地方政府和个人组织机构也可以兴学。私立高校的建立和发展有了法律依据和合法地位。早稻田大学和庆应义塾大学等首批私立高校相继获得政府认可，国立大学、公立大学和私立大学并存的局面逐渐形成，私立高校得到了迅速发展。随后，日本政府加强了对私立高校的办学规范，只有大学法人能够获得政府批准，创办私立大学。大学法人必须具备足够支持学校运转的资金和必要的教学设施等条件，并且由政府托管这笔资金。1920年，早稻田大学、庆应义塾大学等私立学校开始本科层次的教育。同时，地方政府开始大力兴办私立高校。

二战后，日本私立高校发展的特点主要表现在政府财政资助和私立高校立法两个方面。在财政资助方面，二战后的私立高校主要集中在大城市，得到了教育部门的贷款支持和地方政府的资助，内容涵盖了学校设施建设和维持日常运转的基本运营成本。然而，资金不足仍然是困扰私立高校发展的重要因素。于是，政府在1952年颁布《私立学校促进会法》，运用公共财政资助私立学校。同时，政府采取贷款和减免税款等措施来缓解资金不足的问题，并通过《日本私立学校振兴基金法实施条例》（1970年）扩大对私立高校的资金补贴。在私立高校的立法方面，《私立学校法》（1949年）将私立学校的

---

① 庆应义塾大学．庆应义塾大学历史[EB/OL].（2012-07-02）[2013-02-20]. http://www.keio.ac.jp/en/about_keio/history/timeline.html.

② 早稻田大学．早稻田大学历史与沿革[EB/OL].（2012-07-02）[2013-02-20]. http://www.waseda.jp/gb/common/pdf/history.pdf.

③ 早稻田大学．大隈重信支持者介绍[EB/OL].（2012-07-02）[2013-02-20]. http://www.waseda.jp/eng/okuma/people/index.html.

公益性和办学自主性统一，加强政府对学校的资助，明确了学校法人制度，确立了私立高校在产权问题上的法律主体地位。《私立学校法》是二战后日本私立高校建立和发展的根本大法，为政府行政部门管理私立学校奠定了基础。随后，日本政府相继颁布了《日本私立学校振兴财团法》（1970 年）、《私立学校振兴助成法》（1975 年）、《私立学校振兴助成法实施条例》（1976 年）等有关私立学校的法律，文部省（后改为文部科学省）颁布了《私立学校法实施条例》（1950 年）等法规。这些法律法规的出台，使日本形成了比较完善的私立高校法律政策体系，增强了政府依法管理和监督私立高校办学发展的规范性和有效性。

20 世纪 50 年代至 70 年代，日本私立高校得到了快速发展，为高等教育的大众化作出了贡献。据统计，1950 年至 1975 年，私立大学从 105 所增长至 305 所，在校生数从 13.63 万人增加至 132.54 万人。私立大专从 132 所增长至 434 所，在校生数从 1.31 万人增加至 32.27 万人。随后，私立高校进入了稳步发展时期，私立大学规模增长幅度不大，私立大专规模有所减少。2000 年至 2005 年，私立大学从 478 所增长至 553 所，在校生数从 200.87 万人增长至 211.23 万人，增长幅度分别为 16% 和 5%。私立大专从 497 所减少至 436 所，在校生数从 29.88 万人降低到 20.34 万人[①]。2010 年，日本私立高校共有 966 所，占全国高校总数的 82%。其中，私立大学和私立大专分别为 597 所和 369 所，分别占全国高校总数的 51% 和 31%。日本私立高校在校生数共计 223.15 万人，占全国高校在校生总数的 75%。其中，私立大学和私立大专在校生数分别为 208.72 万人和 14.43 万人，分别占全国高校在校生总数的 70% 和 5%[②]。

---

① 2006 年日本教育概览 [EB/OL]. (2012-07-02) [213-02-20].http://www.mext.go.jp/component/english/__icsFiles/afieldfile/2011/03/07/1303013_008.pdf.

② 2010 年私立高校数、在校生数 [EB/OL]. (2010-05-01) [2013-02-20].http://www.mext.go.jp/a_menu/koutou/shiritsu/index.htm.

二、日本私立高校教育经费情况

从经费来源看，日本私立高校经费收入主要包括学费收入、劳务费收入、个人和机构的捐赠收入、政府财政资助、资产管理和出售收入、经营收入和其他收入等 7 个统计指标。资料显示，2000 年至 2010 年，日本私立高校教育经费收入从 33 394 亿日元增加至 34 547 亿日元，增长幅度为 3.5%。其中，学费收入是教育经费的主要来源，从 2000 年的 25 691 亿日元，增长至 2010 年的 26 667 亿日元。政府资助收入是教育经费的第二大主要来源，从 2000 年的 3 595 亿日元，增长至 2010 年的 3 675 亿日元。在 2010 年日本私立高校教育经费收入中，学费收入占 77.19%，政府资助收入占 10.64%（见表 52）。

表 52　2000—2010 年日本私立高校教育经费收入情况（亿日元）

年份	学费	劳务费	捐赠	政府资助	资产管理出售	经营收入	其他	总计
2000 年	25 691	1 031	1 043	3 595	766	501	767	33 394
2001 年	25 782	1 056	947	3 654	647	523	783	33 392
2002 年	26 019	1 069	756	3 605	512	519	801	33 281
2003 年	26 112	1 030	713	3 592	728	571	810	33 556
2004 年	26 304	1 013	709	3 673	751	632	807	33 889
2005 年	26 478	965	950	3 714	741	680	874	34 401
2006 年	26 531	960	761	3 661	1 137	731	869	34 650
2007 年	26 694	962	800	3 689	1 042	770	908	34 866
2008 年	26 600	957	900	3 741	807	795	919	34 720
2009 年	26 695	967	674	3 910	655	746	932	34 580
2010 年	26 667	944	983	3 675	655	730	892	34 547

资料来源：1979 年至 2010 年日本私立大学教育经费收入 [EB/OL].（2012-07-12）[2013-02-20]. http://en.rihe.hiroshima-u.ac.jp/data_list.php？ dataname_id=39#36.

从经费用途看，日本私立高校经费支出主要包括教师、职员和其他人员的工资、教育与研究费用、行政管理费用、银行借款等借贷利息、冲抵资产出售的差额支出、坏账转付储备和其他支出等 7 个统计指标。资料显示，2000 年至 2010 年，日本私立高校教育经费支出从 32813 亿日元增加至 36117 亿日元，增长幅度为 10%。其中，工资费用支出是教育经费支出的主要内容，从 2000 年的 16702 亿日元，增长至 2010 年的 18074 亿日元。教育科研费用支出是教育经费支出的第二大主要支出，从 2000 年的 8776 亿日元，增长至 2010 年的 11465 亿日元。在 2010 年日本私立高校教育经费支出中，工资费用支出占 50.04%，教育科研费用支出占 31.74%（见表 53）。

表 53　2000—2010 年日本私立高校教育经费支出情况（亿日元）

年份	工资	教育科研	行政管理	借贷利息	冲抵差额	坏账储备	其他	总计
2000 年	16702	8776	1890	214	306	41	4883	32813
2001 年	16812	9147	1956	189	372	47	4317	32841
2002 年	16873	9599	2034	169	425	52	3895	33047
2003 年	17001	9901	2099	146	242	48	4125	33561
2004 年	17260	10289	2193	131	259	50	4323	34504
2005 年	17448	10657	2282	119	319	63	3909	34795
2006 年	17797	10943	2317	113	292	47	4128	35637
2007 年	17994	11329	2361	126	490	51	3804	36155
2008 年	18113	11590	2416	111	918	50	3675	36873
2009 年	18094	11577	2450	109	349	57	3318	35956
2010 年	18074	11465	2389	97	481	57	3554	36117

资料来源：1979 年至 2010 年日本私立大学教育经费支出 [EB/OL].（2012-07-12）[2013-02-20] http://en.rihe.hiroshima-u.ac.jp/data_list.php？ dataname_id=39#36.

三、日本私立高校产权管理的政策措施

法律确保学校在坚持公益性的前提下充分行使办学自主权，使得学校法人能够依靠合理的产权制度管理学校，从而形成对学校未来发展的稳定预期。日本私立高校产权管理的政策措施，主要包括从立法上保障私立高校公益性，政府对私立高校进行财政资助，给予税收优惠，私立高校内部调整权力结构等内容。

（一）私立高校公益性的法律保障

作为国家教育体系的组成部分，日本私立高校秉承创新精神，为社会提供教育服务，进行多样化和个性化的教育和科研活动，在学校教育中发挥了重要的作用。根据私立学校的这种特性，日本从立法上规定政府给予私立高校政策支持，保障学校的公益性。例如，《私立学校法》的立法宗旨就是促进学校的健康发展，提高学校的公益性，尊重学校的自主性，调动学校法人的办学积极性。《私立学校法》规定，在不影响学校教学的情况下，学校法人可以从事以营利为目的的事业，并将收益用于学校经营发展，相应的财务会计处理方法也与学校其他财务相区别。同时，《私立学校法》在第五十一条中对学校终止后剩余财产的归属也做了明确规定。除学校合并和破产情况外，学校法人解散后的剩余财产，在向主管机构申报清算时，应根据学校捐款行为的财团法人的基本规定，归应得方所有。其中，不能处理的财产归国库所有，国家可将这部分国库财产中除现金以外的部分转让或者无偿借贷给学校法人，以推动学校教育的发展，由文部大臣负责管理。国家也可以把与这部分财产等值的现金作为政府补助金发放给学校法人，由财务大臣负责处理①。此外，日本私立高校依据《私立学校法》，结合学校自身实际情况，制定了学校法人规章。例如，早稻田大学于 1951 年制定并经文部科学省文部大臣批准实施

① 日本文部科学省．私立学校法 [EB/OL].（2005-04-01）[2013-02-20]. http://www.mext.go.jp/a_menu/koutou/shinkou/07021403/001/001/001/001/004. pdf.

了《早稻田大学学校法人校规（附带行为规则）》，2005 年至 2012 年对其中部分条款进行了修改完善。在《早稻田大学学校法人校规（附带行为规则）》的第五条、第四十七条和第五十五条等条款中，学校对资产财务做了以下规定：学校法人资产分为基本财产（不动产）、运用财产（动产）和收益事业用财产三种类型。为了将收益充实到学校经营中去，学校法人可以从事不动产出租信托业务。学校法人单位解散后的剩余财产，归属由评议员会指定的从事其他教育事业的学校法人[①]。

（二）政府对私立高校的财政资助和税收优惠

一方面，政府为私立高校提供运营成本补贴等政府资助，包括教师、职工以及教育科研等费用，改善教师进行科研活动的教学设备。日本政府建立私学振兴财团，作为资助私立高校日常经费的中介机构，并通过《私立学校振兴助成法》达到保障私立高校办学条件和提高学校经营稳健性的目的[②]。2006 年，修订后的《教育基本法》规定，考虑到私立学校的公益性及其在学校教育中的重要作用，中央和地方政府应努力通过补贴和其他适当手段，并尊重学校的办学自主权，以促进私立学校教育[③]。此外，日本私立学校振兴及共济事业团为私立学校提供贷款业务、融资、业务支持和信息管理。据统计，日本私立大学获得政府的运营成本补贴额，由 1980 年的 2 605 亿日元，增长至 2011 年的 3 029 亿日元[④]。在早稻田大学 2007 年至 2011 年教育经费

① 早稻田大学．早稻田大学学校法人校规（附带行为规则）[EB/OL].（2012-07-20）[2013-02-20]. http://www.waseda.jp/soumu/kiyaku/d1w_reiki/32690911037900000000/32690911037900000000/32690911037900000000.html.

② 陶西平，王佐书．中国民办教育发展报告（2003-2009）[M]. 上海：上海人民出版社，2010：375.

③ 日本文部科学省．教育基本法 [EB/OL].（2012-07-01）[2013-02-20].http://www.mext.go.jp/english/lawandplan/1303462.htm.

④ 日本文部科学省．日本高等教育 [EB/OL].（2012-06-19）[2013-02-20]. http://www.mext.go.jp/english/highered/__icsFiles/afieldfile/2012/06/19/ 1302653_1.pdf.

收入中，来自中央政府经常性财政补助，保持在94亿日元的平均水平①。

另一方面，政府实施税收优惠政策，鼓励捐赠。日本私立高校须先向文部科学省提交申请，经文部科学省与相关部门依法审批后，才能享受一定期限的免税待遇，到期后须重新申请。

学校的固定资产免税，附带的事业收入额的一半计入亏损费用且对其征收的税率仅为22%。学校转让土地和建筑物等固定资产时，只对固定资产的升值部分征税②。在个人捐赠中，当个人为学校法人提供捐款、用以促进学校的教学或科研、增强学校公益性时，学校将会享受一定数额的所得税抵免。在企业捐赠中，一种方式是企业直接给学校法人捐赠，另一种方式是企业通过具有资质的中介机构（例如日本私立学校振兴及共济事业团）对学校法人进行捐款。由此，政府通过税收优惠政策，促使学校法人积极募捐，增强吸引力，以使学校获得更多发展资金③。例如，2011年，早稻田大学共计获得24.22亿日元的捐赠收入，包括1.34亿日元的实物捐赠和22.88亿日元的现金捐赠。这些捐赠分为有指定明确用途的特定性捐赠（学校校园建设、教学发展、基金会土地设施、奖学金等）和学校自主支配的一般性捐赠。其中，企业和其他机构捐赠额11.54亿日元，校友、家长、教职员工等个人捐赠额11.34亿日元④。

（三）私立高校内部权力结构

近年来，为了使私立高校灵活应对企业法人制度改革、政府放松管制等社会经济条件的变化所带来的各种挑战，日本有关部门不断完善私立高校的

① 早稻田大学.2007—2011年早稻田大学财务概要[EB/OL].（2012-07-12）[213-02-20].http://www.waseda.jp/zaimu/index-e.html.

② 石睿.日本私立大学的经费筹措对我国民办教育的启示[J].民办教育研究，2010（7）：43.

③ 2009年文部科学省白皮书[EB/OL].（2009-01-03）[2013-02-20]. http://www.mext.go.jp/b_menu/hakusho/html/hpab200901/detail/1305896.htm.

④ 早稻田大学.早稻田大学2011财年计划大纲[EB/OL].（2012-04-30）[2013-03-20]. http://www.waseda.jp/soumu/jigyohokoku/2011/AnnualReport 2011.pdf.

法律政策体系，为学校法人行政管理的改善提供必要支持。例如，通过修订《私立学校法》，保障私立学校的自主性，确保私立学校开展独特性教育研究活动，保持健康发展。修订后的《私立学校法》（2005 年）强化了学校法人管理运营能力，提高了财务信息公开的透明度。作为具有公益性的法律实体，学校法人具有公开财务信息的责任和义务，将财产清单、资产负债表、收入和支出表、业务报告以及监察报告等提供给政府机构等学校的利益相关者，同时也能够得到其理解和支持[①]。根据《私立学校法》的相关规定，在日本私立高校法人结构中（见图 7），学校管理层各构成部分依法享有以下权利：

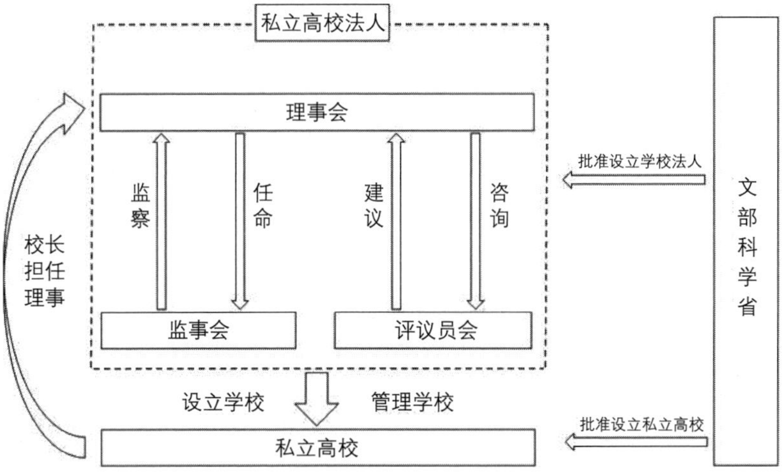

图 7　日本私立高校法人组织结构图

资料来源：日本私立学校法人组织结构 [EB/OL].（2012-10-23）[2013-02-20]. http://www.mext.go.jp/a_menu/koutou/shinkou/07021403/__icsFiles/afieldfile/2012/10/23/1230451_08_1.pdf.

首先，理事会是决策管理机构，拥有对学校法人工作的相关事宜的最终决策权，决定学校法人的业务活动、监督理事的工作完成情况及其行为。理事长要将每年度的事业计划和取得的成果向评议员会报告。理事会成员不少

① 私立学校法改正概要 [EB/OL].（2012-02-20）[2013-02-20]. http://www.mext.go.jp/a_menu/koutou/shinkou/07021403/001/001/ 001/001.pdf.

于5人，至少有一名为非该学校法人的理事或职员。

其次，监事会是学校法人的监督机构，由理事长任命，并且必须获得评议员会的同意。监事会成员不少于2人。监事的职责是监察学校法人的财产状况，对学校法人或理事在资产财务等方面的违法行为上报评议员会或文部科学省。监事不可以兼任评议员。

最后，评议员会是学校法人的咨询决策机构，可就学校预算、业务计划、捐赠行为的变更、财务情况等向理事会提出建议，根据理事长向评议员会的征求意见进行回答。评议员会的人数要超过理事会人数的两倍以上。

此外，私立高校法人设立和管理学校，校长是学校的最高行政管理者，同时也是理事会的一员。文部科学省是私立高校的主管行政机构，负责私立高校及其法人设立的批准。

可以看出，日本私立高校实行理事会、监事会、评议员会三权分立的负责体制，理事会统揽学校事务，提出学校发展设计，监事会对学校财产及理事工作进行监察，评议会做出决定，三方彼此牵制，使得日本私立高校能够基于独立的办学精神而实施大学的运营管理。

第四节　国外私立高校产权管理的启示

一、国外私立高校产权管理的特征

通过对国外私立高校产权管理的初步分析，可以归纳出以下特征：

首先，坚持公益性的核心价值导向。美、日两国私立高校的公益性导向与捐赠优惠、内部管理密切相关。一方面，在公益性导向下，私立高校易于筹措办学经费，尤其是社会捐赠，同时获得税收优惠政策的支持。另一方面，美国私立高校董事会领导下的校长负责制、日本私立高校法人结构的多元制衡，为私立高校公益性的实现提供了有力保障。

其次，办学经费来源渠道多样且资金充裕。美、日两国私立高校的资金来源包括学费、政府资助、社会捐赠、资产销售与经营服务等，大部分源自学费、政府资助和捐赠。中央政府的财政拨款是政府资助的主要部分，基金会、校友和企业是私立高校募集捐款的主要来源。此外，营利性私立高校除学费收入外，还在资本市场上通过教育集团或投资公司积极上市融资，筹措办学经费。

最后，法律法规和制度规则是私立高校产权管理的重要保障。法律对学校法人治理、学校运营收益的使用、剩余财产的归属等内容进行了规定。例如，营利性私立高校以清晰的产权制度作为学校平稳运营的保障。出资人拥有学校资产的所有权和收益权。学校可以将校产的经营权和使用权委托给职业经理人运营，职业经理人通过校董事会章程规定的比例获取利润和分红。此外，政府在学生资助、科研经费、税费优惠等方面予以私立高校扶持，同时进行必要的行政管理和法律监督，确保私立高校规范办学。

二、国外私立高校产权管理的启示

国外私立高校产权管理的经验，可为我国民办高校产权管理提供以下启示：

首先，要强化公益性导向，民办高等教育是重要的社会公益事业。民办高校和公办高校的主要区别，在于高等教育服务的提供主体和提供方式不同。两者本质上都是我国社会公共事业的重要组成部分。从我国民办高校实际情况来看，民办高校的公益性与举办者的营利性关系尚需协调。民办高校法人治理结构不完善，学校的举办者往往是实际管理者，董事会或理事会领导下的校长负责制并未完全落实，办学行为缺少来自外部的监督和制约，难以对取得合理回报的程序进行规范。因此，应健全法人治理结构，为民办高校可持续发展提供内部保障，从制度上解决民办高校公益性和营利性冲突的矛盾。

其次，要拓展融资渠道，加大政府财政支持力度，完善帮扶机制。我国民办高校办学经费主要依赖于学杂费收入，来源渠道单一，筹资渠道不畅。尽管《民办教育促进法》有对民办高校的扶持与奖励的条款，并规定各级政府设立专项资金资助学校的发展，但实际效果并不理想。因此，政府应落实民办高校专项资金的发放。设立民办高校发展基金，加大对具备较高水平的民办高校的经费资助力度。

最后，完善产权管理法规政策，加强制度保障体系建设，支持和规范民办高校的发展。目前，由于缺乏细化规定，《民办教育促进法》及相关法规政策的落实，在实际中仍面临困难。因此，应尽快完善民办高校产权法规政策，制定民办高校适用的会计制度，加强财务状况的监督管理。同时，允许和鼓励地方政府结合实际，制定和完善产权管理的各项配套政策措施。

第五章

民办高校产权管理改进的策略建议

本章结合对民办高校产权管理进行的调查、访谈，借鉴国外私立高校产权管理经验，初步从理念定位、产权界定、产权配置、产权监管和产权运作等方面提出我国改进民办高校产权管理的策略建议。

第一节　理念定位：坚持公益价值导向，建立健全配套政策

改进和完善民办高校产权管理，是一项复杂的系统工程，需要结合民办高校发展的实际，健全产权管理体系，加强制度保障建设；关键是通过产权的制度安排充分保障和体现民办高等教育的公益性；重点是进一步完善相关法律政策，提高产权运作效率，改革制约民办高校产权的体制机制。

第一，坚持社会主义办学方向，努力提高办学质量，实现社会效益与经济效益相统一。要正确认识公益性和营利性的关系。可以说，公益性与营利性并非“水火不容”。公益性是营利性的基本前提，合规合法的营利性对公益性有促进作用，承认营利性不会改变民办高校的公益属性。民办高校具有自身灵活性和适应性强的特点，营利性和非营利性民办高校可以长期存在，共同发展。当前，党中央和国务院正在平稳有序推进以分类管理为突破口的民办教育改革发展重大战略部署。民办高校举办者只有始终坚持社会主义办学方向，坚持党的领导，全面贯彻党的教育方针，坚持教育的公益属性，才能真正获得国家改革发展的政策红利；只有将提高办学质量作为学校发展的生命线，合理确定办学定位和办学目标，多渠道引进优质教育资源，形成办学优势和品牌项目，才能提高社会认可度和美誉度，在办学发展中不断增强核心竞争力，保障学校健康可持续发展；只有充分履行和发挥民办高校教书育人的基本职能，把培养合格人才、服务地方经济社会发展放在办学发展的首位，不断满足人民群众多元化教育需求，才能不断拓展学校发展空间，实

现社会效益与经济效益的和谐统一。

第二，贯彻落实分类管理政策，不断完善产权制度。各地应结合民办教育实际情况，贯彻落实新修订的《民办教育促进法》及配套文件，出台相关实施意见和配套措施，确保国家政策与地方实际有序衔接，步调一致。如由全国人大常委会或国务院协调教育部、财政部等有关部门，开展民办学校产权制度专题调研工作，制定规范民办高校产权管理的法规政策，进一步完善产权制度。尽快修订《民办教育促进法实施条例》《民办非企业单位登记管理暂行条例》《民间非营利组织会计制度》《担保法》《物权法》《民法通则》中与民办教育发展实际相抵触的条款，调整和完善现有法律法规政策，依法保障民办高校举办者的合法权益。同时，教育是经济社会发展的组成部分，需要与其他社会领域的改革相协调。民办高校产权管理的改革，要与其他领域的改革相配套。民办高校产权管理应当兼顾协调民办高校各产权主体之间的关系，制定实施民办高校分类管理前的过渡阶段措施，妥善处理民办高校产权历史遗留问题。

第三，大力改善投融资政策环境，实行积极财税减免政策。深化“放管服”改革，转变政府部门职能，建立融资市场准入机制和主体问责机制，去除各类显性或隐性门槛，降低融资成本，营造权利平等、依法公平竞争的融资环境。教育行政、价格主管部门和金融主管部门应该建立促进民办教育发展的金融政策，放宽准入条件，完善支撑民办高校融资的配套法律法规，充分发挥政府政策杠杆的撬动作用，搭建投融资平台，促进民办高校和民间投资方的深度合作，推进政府购买服务、财政贴息贷款、政策扶持、基金奖励等制度措施。探索对民间资本投入方实行全额减免、定额减免、定比减免的差别化税收减免政策，改善资本进入民办教育的意愿和能力。简化社会力量以现金和实物形式投入教育的行政手续，适当减少民办高校融资限制。完善财政、土地、信贷和税收等优惠政策。如对民办高校实行低于普通税率的差别化税率优惠，按税法规定扣除用于民办高校捐赠支出的应纳税所得额，免征民办高校营业税、土地增值税，同级财政按规定返还企业所得税等。

第二节　产权界定：依法落实法人产权，完善合理回报制度

清晰界定产权，是民办高校产权管理的基础，需要依法落实民办高校法人产权，完善合理回报制度。

第一，依法落实民办高校法人产权，明确举办者投入学校资产的产权属性。明确民办高校产权主体的权利、责任和利益，保证产权主体权责对等，使举办者形成办学发展前景的稳定预期，增强民办高校发展的稳定性；民办高校进行产权界定时，宜以事实为依据，根据资产来源和举办者（出资人）变动情况，兼顾举办者（出资人）在学校发展过程中对办学积累形成的实际贡献度，明确产权主体及资产归属；对于无形资产和原始资产关系不清等不能明确界定产权的情况，宜根据当时国家法律政策规定，通过充分平等协商或者经专业的具有独立资格的资产评估机构验资，确定合理的界定比例。此外，资产过户时，减免服务性收费，只收取证照工本费，简化审批流程，使举办者在规定时限内完成资产过户登记。除捐资举办的民办高校外，举办者拥有其出资额的所有权，打消对资产过户后资产所有权的担忧，促使举办者愿意把资产过户到学校名下，降低办学风险。

第二，完善合理回报制度的关键是把握好合理回报的“度”。民办高校是否取得合理回报的选择，并不影响民办高校的公益性。对不要求取得合理回报的民办高校，给予举办者一定奖励，激励其积极办学。对要求取得合理回报的学校，在办学质量较好、稳定发展的前提下，允许举办者和出资人从办学结余中按年度取得合理回报。若将合理回报继续用于办学，可计入其出资额。合理回报的取得仅限于举办者和出资人的原始投入和再投入部分，不

能把学校公益性资产、通过政策滚动发展的资产和办学积累形成的资产作为获取合理回报的计量依据。例如，修订《民办教育促进法》第四十四条和第四十五条，确定合理回报比例的影响因素类别、计算方式和最高限额。

第三，以公益性程度为政府区别扶持的依据，以营利性程度为税收分类优惠的基础，建立相应的扶持优惠机制和税费管理机制。不论营利性与否，政府给予民办高校全面的政策支持，对办学质量较高、规范发展的民办高校加大资金支持力度，重点扶持非营利性高水平民办高校。此外，在实行民办学校分类管理之前，宜制定统一的税费优惠政策。实行民办学校分类管理之后，按事业单位登记的民办学校，可按照银行利率，给予一定回报。按企业单位登记的民办学校，可按税收政策杠杆进行调节。例如，修订《民办教育促进法》第四十六、第五十条，明确落实民办学校税收优惠政策的具体范围，增加“各级政府要依法将支持民办教育发展的资金列入同级财政预算”等相应内容。

第三节　产权配置：推动多元主体共同治理，发挥产权管理效能

权责明确的产权配置，是民办高校产权管理的核心，需要推动多元主体共同治理，发挥不同主体的产权管理效能。

第一，推动多元主体共同治理，逐步形成由民办高校法人、举办者和政府共同参与治理的格局。建立健全各种产权管理制度，坚持学校所有权与经营管理权相分离；董事会（理事会）成员结构多元化，不同产权主体的权责利对等；加强外部独立董事（理事）对学校内部管理的监督约束，为学校发展提出建设性意见，完善民办高校法人治理结构。例如，修订《民办教育促进法》第二十二条和二十三条，增加“健全民办高校督导专员制度，学校董

事（理事）、校长及总务、财务、人事等部门负责人之间实行亲属回避制度”等内容。

第二，重视民办学校举办者的非财产性权益，优化民办学校法人治理结构，完善产权主体议事规则和决策管理制度并落到实处。完善董事会（理事会）议事规则和运行程序，加强预算管理，规范办学行为。落实董事会（理事会）领导下的校长负责制，处理好校长与董事长（理事长）、校务会与董事会（理事会）之间的关系。董事会（理事会）负责筹资、制定学校发展规划和年度预算。发挥校长在学校管理中的作用，校长负责具体执行并定期向董事会（理事会）汇报执行情况。

第三，规范举办者办学管理行为，由经验型传统管理模式向规范化现代管理模式转变。提高举办者的整体管理能力水平，有效发挥产权管理效能。明确利益主体资产权属，改善投资流转环境，引导举办方通过提升办学质量来实现产权交易溢价收益的盈利路径。同时，基于依法合理流动实现资本增值的现实发展需要，应为举办方提供资本退出平台，规范退出行为，注重程序正当，以有效发挥资本合理配置和自由流动对民办教育发展的积极支持作用。

第四节　产权监管：建立专门监管机构，规范资产财务监管

科学化的产权监管是民办高校产权管理的手段，需要建立民办高校专门监管机构，规范资产财务监管。

第一，以建立民办高校产权监管的专门机构和加强管理队伍建设为抓手，提高教育行政部门中民办教育管理机构的层次，吸收各相关业务主管部门代表参加。在监督管理过程中听取和协调各方面意见，形成部门间有效的协调

工作机制，增强监管的权威性和全面性，满足统筹规划和规范管理的需要。同时，民办高校完善财务会计制度和财务报告制度，健全财务监督制度，加强财务风险防范和应对机制，不断提高办学实力和水平。

第二，转变政府职能部门监管模式，从以政府管理为主导向政府、学校、社会公众、中介组织参与合作的管理体制转变。完善年度检查制度，重点监管学校财务状况，包括学校资产和接受捐赠等资金来源合法性和资金使用合理性，学杂费收入和政府资助等银行专项账户管理情况；明确规定政府主管部门对民办高校财产和财务收支具体监管职责，配备专职审计人员；健全会计人员任职条件、财务制度、收费标准以及资产处置和收益分配政策；委托会计师事务所或第三方中介组织对民办高校依法进行财务审计；引导和督促民办高校建立财务自查监管，鼓励社会力量加强对民办高校行为的监督，防范民办高校因办学资金的转移、挪用或债务过大而引发财务风险。例如，修订《民办教育促进法》第五章“学校资产与财务管理”，增加“学校资产分类登记入账管理，对不同类型学校采取针对性监管措施”等相应内容。

第三，严格落实“非禁即入”原则，构建全方位、多主体、立体化的融资制度。建立国家和地方民办教育发展基金，大力推进政府和社会资本合作模式改革，将财政支出责任编入政府中期财政规划，建立动态可调整的收费定价和政府补贴机制，落实好财政奖补政策，增强社会资本参与融资的可能性和积极性。优化融资结构，积极鼓励和引导地方性中小金融机构支持民办高校发展。

第五节　产权运作：拓展筹融资方式，健全转让退出机制

流转顺畅的产权运作，是民办高校产权管理的保障，需要拓展民办高校

筹融资方式，健全产权转让和分类退出机制。

第一，建立信用担保体系，完善信用管理服务。建立国家、省、市三级民办教育信用担保体系和担保机构，成立相关担保协会。政府出资建立并监管政策性担保机构和直接向民办高校提供贷款的政策性金融机构，设立专项担保（再担保）资金。探索教育信托投资，支持社会力量联合学校设立教育基金，实现保值增值，收益主要用于学校发展。鼓励国有资产经营公司、国有投资公司以及其他企业为民办高校提供贷款担保服务。建设民办高校征信系统、信用等级评定和授信制度，实现政府部门、金融机构对民办高校信用评价的信息共享。开展民办高校信用培训服务和信用管理服务，指导建设信用管理制度和提升信用管理水平。采取信用担保、低息贷款等方式支持民办高校多形式筹措办学资金，待未来条件成熟后可引入市场机制来解决民办高校办学资金短缺问题。大力发展小额贷款公司，创新金融信贷产品。探索民办高校委托理财、信托投资、股市融资等渠道，以及将非教学设施作抵押，或将学费收费权和知识产权作质押向银行申请贷款的机制。采取股权融资与债权融资等多样化融资方式，适时发展民办教育股权融资市场。对符合条件、有资金需要的民办高校，可先行给予低息贷款，用于学校建设和发展，学校有盈余之后再逐步还贷。同时，允许银行等金融机构对符合资质的民办高校进行贷款抵押，抵押的具体条件由银行等部门规定，教育部协调相关部门，最后由国务院出台相应办法。建立民办高校融资服务体系，提供融资诊断、财务管理咨询、综合辅助服务，帮助民办高校提高融资能力。

第二，采用“分段式”方法，实行民办高校差异化筹融资政策。依据办学时间、办学规模、办学层次和学校性质等标准，对处于初创发展阶段的民办高校，以专科层次为重点，给予相应的税收优惠政策支持；对处于成长发展阶段的民办高校，兼顾本科和专科层次，给予财政资助；对处于稳步发展阶段的民办高校，以本科层次为重点，尤其是具有较高办学水平的学校，给予财政资助，优先扶持。此外，鉴于民办高校每年的运转维持等需要大量的资金投入，而仅靠收取学费进行滚动发展，没有稳定的资金来源，不能满足学校的现实发展需要，建议允许民办高校开办营利性企业，将收益全部投入学校的发展。对于管理完善、运营良好的校办企业，可以适当给予奖励和分红，激励其继续发展。例如，修订《民办教育促进法》第四十七条和第四十八条，增加“地方政府可以税收返还的形式支持受赠学校发展”等内容，进一步明确和丰富举办者筹措办学经费的措施和途径。

第三，落实法定的各种优惠政策，吸引民间投资，扩充财源。区分营利性民办高校和非营利性民办高校的税收优惠政策，建立有利于非营利性民办高校发展的税收导向机制。可以参照营利性机构的税收政策，给予民间投资举办者一定年限内免征若干税种的税收，免税期满后恢复征税。但是，这种做法是过渡时期的暂时减免税政策，不能长期化和固定化。同时，在不影响学校正常教育教学的前提下，允许非营利性民办高校开办营利事业，放宽从事营利事业的范围，补充学校办学资金。当然，要确保学校获得的收益全部用于办学发展，并作出严格的法律规定。此外，允许非营利性民办高校运用基金进行投资，制定明确详细的基金管理、使用和投资管理办法。

第四，构建规范的民办高校产权流转制度和举办者准入与退出机制。举办者的原始投入和追加投入的资产在进行转让和继承之前，须进行财务审计，经学校决策机构同意和审批机关核准后，依法变更举办者、调整出资比例、转让其投入资产以及全部或部分所有权。同等条件下，其他举办者有优先受让权，承担相应的权利和义务，并可将转让资产计入受让人的出资额。学校终止办学时剩余资产的分配，按照分类管理标准，给予举办者（出资人）补偿或按照相关法律法规的规定执行，其余部分全部用于公益性教育事业。例如，修订《民办教育促进法》第六十条关于民办学校终止程序的表述，针对不同类型民办学校分别明确具体规定。

综上所述，在改进民办高校产权管理过程中，坚持公益导向，尊重合理诉求，充分发挥产权的激励与约束功能。依据资产形成来源，保护举办者合法权益，重点关注举办者原始投入和再投入资产的界定、资产增值部分的归属、清偿债务后剩余财产的分配以及举办者的退出机制等内容。打造创新型融资平台，保障产权权益流转顺畅。鼓励金融机构通过创新金融工具，为民办教育量身定制符合国家政策与战略的民办教育类金融服务产品，拓宽民办教育服务领域。丰富金融机构组织体系，打造民办教育金融服务平台，加强银行、民办高校、担保机构和信用评估机构的合作，共同组建贷款融资平台，为有融资需求的各类民办教育主体提供系统解决方案。同时，加强教育立法，健全相关法规政策体系，细化相关条款，明晰产权，明确产权归属。尽快修订涉及民办高校产权的法律政策，全面清理并纠正各种歧视性做法，完善财务制度和监督管理等具体配套政策和措施，给予举办者正向激励，增强其出资兴办民办教育的稳定回报预期和持续投入的动力，努力营造民办高校健康发展的良好环境。

参考文献

中文文献

[1] 常修泽．广义产权论：中国广领域多权能产权制度研究［M］．北京：中国经济出版社，2009.

[2] 程化琴．《民办教育促进法》制定过程研究［M］．北京：北京大学出版社，2012.

[3] 董圣足．民办院校良治之道：我国民办高校法人治理问题研究［M］．北京：教育科学出版社，2010.

[4] 费方域．企业的产权分析［M］．上海：格致出版社、上海人民出版社，2009.

[5] 高金岭．教育产权制度研究［M］．桂林：广西师范大学出版社，2004.

[6] 胡赤弟．教育产权与现代大学制度构建［M］．广州：广东高等教育出版社，2008.

[7] 胡宁生．现代公共政策学［M］．北京：中央编译出版社，2007.

[8] 黄少安．产权经济学导论［M］．北京：经济科学出版社，2004.

[9] 金忠明，李若驰，王冠．中国民办教育史［M］．北京：中国社会科学出版社，2003.

[10] 柯佑祥．适度盈利与民办高等教育的发展［M］．南京：南京师范大学出版社，2003.

[11] 李娟．知识产权担保制度研究［M］．北京：法律出版社，2012.

[12] 刘伟，李风圣．产权通论［M］．北京：北京出版社，1997.

[13] 明航．民办学校办学模式：产权配置与治理机制研究［M］．北京：教

育科学出版社，2008.

［14］宁本涛．中国民办教育产权研究［M］．济南：齐鲁书社，2003.

［15］邵金荣．非营利组织与免税：民办教育等社会服务机构的免税问题［M］．北京：社会科学文献出版社，2003.

［16］邵金荣．公益组织认定与社会公平正义：构建科学发展民办教育等公益组织和事业的法制［M］．北京：中国社会出版社，2010.

［17］陶西平，王佐书．中国民办教育发展报告（2003—2009）［M］．上海：上海人民出版社，2010.

［18］吴开华，安杨．民办学校法律地位［M］．南京：江苏教育出版社，2011.

［19］吴明隆，涂金堂．SPSS 与统计应用分析［M］．大连：东北财经大学出版社，2012.

［20］吴明隆．问卷统计分析实务：SPSS 操作与应用［M］．重庆：重庆大学出版社，2010.

［21］吴宣恭，等．产权理论比较：马克思主义与西方现代产权学派［M］．北京：经济科学出版社，2000.

［22］吴易风，关雪凌，等．产权理论与实践［M］．北京：中国人民大学出版社，2010.

［23］严强．公共政策学［M］．北京：社会科学文献出版社，2008.

［24］杨定忠．民办学校财务管理与监控［M］．长沙：湖南师范大学出版社，2010.

［25］张江波．民办高等教育发展中政府责任研究［M］．长沙：中南大学出版社，2011.

［26］张力．法人独立财产制度研究：从历史考察到功能解析［M］．北京：

法律出版社，2008.

[27] 张娜．权利与规制：学校产权制度论［M］．北京：教育科学出版社，2010.

[28] 朱巧玲．产权制度变迁的多层次分析［M］．北京：人民出版社，2007.

[29] 巴泽尔．产权的经济分析［M］．费方域，段毅才，译．上海：上海人民出版社，1997.

[30] 道格拉斯．诺思．经济史中的结构与变迁［M］．陈郁，罗华平，等，译．上海：三联书店上海分店，1991.

[31] 弗里曼．战略管理：利益相关者方法［M］．王彦华，梁豪，译．上海：上海译文出版社，2006.

[32] 康芒斯．制度经济学（下册）［M］．于树生，译．北京：商务印书馆，1962.

[33] 柯武刚，史漫飞．制度经济学：社会秩序与公共政策［M］．韩朝华译．北京：商务印书馆，2000.

[34] 科斯．企业、市场与法律［M］．盛洪，陈郁，译．上海：格致出版社、上海人民出版社，2009.

[35] 科斯，阿尔钦，诺斯，等．财产权利与制度变迁：产权学派与新制度学派译文集［C］．上海：三联书店上海分店、上海人民出版社，1994.

[36] 克拉克．财富的分配［M］．陈福生，陈振骅，译．北京：商务印书馆，2009.

[37] 马克思，恩格斯．马克思恩格斯全集（第1卷）［M］．中央编译局，译．北京：人民出版社，1956.

[38] 马歇尔．经济学原理（上卷）［M］．朱志泰，译．北京：商务印书馆，

1964.

[39] 萨伊．政治经济学概论：财富的生产、分配和消费 [M]．陈福生，陈振骅，译．北京：商务印书馆，1963.

[40] 威廉姆森．资本主义经济制度：论企业签约与市场签约 [M]．段毅才，王伟，译．北京：商务印书馆，2002.

[41] 维尔斯马，于尔斯．教育研究方法导论（第 9 版）[M]．袁振国，等，译，北京：教育科学出版社，2010.

[42] 别敦荣，郭冬生．我国民办高等学校产权问题初探 [J]．高等教育研究，2000（1）．

[43] 陈宝瑜．民办学校需要建立多元化的产权关系：谈民办学校的筹资立法问题 [J]．北京成人教育，1997（11）．

[44] 陈秋苹．立足促进：民办高校产权问题探析 [J]．中国高等教育，2003（18）．

[45] 陈文联．公益性的持守：民办高校不容放弃的使命 [J]．中国高等教育，2010（18）．

[46] 丁明鲜．教育产权研究综述 [J]．四川师范大学学报（社会科学版），2006（4）．

[47] 董圣足．关于民办高校法人财产权的思考：基于 45 所民办院校法人财产状况的调查分析 [J]．教育发展研究，2007（Z2）．

[48] 冯淑娟，徐绪卿．关于我国民办高校家族化管理的若干思考 [J]．教育发展研究，2009（12）．

[49] 高卫东．营利性民办学校及其产权界定 [J]．教育科学研究，2001（3）．

[50] 高晓杰．美国营利性高等教育机构进入资本市场的产权制度研究 [J]．

复旦教育论坛，2006（4）.

[51] 杭永宝，王荣．教育产权制度问题与对策［J］．教育发展研究，2004（Z1）.

[52] 胡启立．《中共中央关于教育体制改革的决定》出台前后［J］．炎黄春秋，2008（12）.

[53] 贾建国．我国民办高校产权的新制度经济学分析［J］．中国高教研究，2011（7）.

[54] 靳希斌．教育产权与教育体制创新：从制度经济学角度分析教育体制改革问题［J］．广东社会科学，2003（2）.

[55] 劳凯声．面临挑战的教育公益性［J］．教育研究，2003（2）.

[56] 李建军，许南，程毅．民办高校构建现代产权制度的实证分析：以湖南涉外经济学院为例［J］．当代教育科学，2008（21）.

[57] 李建军．制度经济学视野下的教育产权与高等教育体制改革和创新［J］．高等教育研究，2008（5）.

[58] 刘根东，吴寒飞．X（低）效率理论下的民办高校法人治理研究［J］．中国高教研究，2011（7）.

[59] 刘晖，邹艳春．论保护教育产权与优化教育资源配置［J］．高教探索，2004（4）.

[60] 卢彩晨．家族式民办高校治理模式的演变及调适［J］．大学（学术版），2010（10）.

[61] 罗海燕．民办学校与举办者的产权关系研究［J］．民办教育研究，2005（6）.

[62] 明航．股份制民办学校产权配置与治理机制的案例分析：基于新制度经济学视角［J］．民办教育研究，2008（3）.

[63] 明航．集团制民办学校产权配置与治理机制的案例分析：基于新制度经济学视角［J］．民办教育研究，2008（5）．

[64] 明航．家族制民办学校产权配置与治理机制的案例分析：基于新制度经济学视角［J］．职业技术教育，2010（10）．

[65] 潘懋元，胡赤弟．民办高校产权制度改革的若干问题［J］．教育研究，2002（1）．

[66] 潘懋元．我国高校产权制度改革的若干问题：兼论公、民办高校产权问题［J］．教育发展研究，2005（14）．

[67] 阙海宝，张海东．民办高校产权的法律保护［J］．教育探索，2006（12）．

[68] 阙海宝．民办高校产权的制度完善与创新［J］．教育与职业，2009（17）．

[69] 石猛．当前我国民办高校产权问题探讨［J］．中国成人教育，2012（13）．

[70] 石睿．日本私立大学的经费筹措对我国民办教育的启示［J］．民办教育研究，2010（7）．

[71] 史秋衡，宁顺兰．高等学校产权分析［J］．教育与经济，2002（4）．

[72] 王彬．论民办高校的产权治理机制［J］．民办教育研究，2010（7）．

[73] 王茜．民办教育机构产权归属制度的完善［J］．继续教育研究，2011（12）．

[74] 王庆如，王连森．利益相关者视角下民办高校提升办学水平的策略［J］．现代教育管理，2012（4）．

[75] 王善迈．民办教育分类管理探讨［J］．教育研究，2011（12）．

[76] 王一涛，徐绪卿．民办高校家族式管理现象的成因及对策［J］．中国

高等教育，2009（8）.

[77] 王一涛．论公益性民办高校产权制度的构建［J］．中国高教研究，2010（9）.

[78] 王一涛．民办高校产权：分析框架的初步建构及应用［J］．华中师范大学学报（人文社会科学版），2009（5）.

[79] 王一涛．民办高校创办者子女接班：一个值得关注的现象［J］．高等教育研究，2012（7）.

[80] 王英杰．大学校长与大学的改革和发展：哈佛大学的经验［J］．比较教育研究，1993（5）.

[81] 王永均．海淀走读大学的发展历程及其办学新路［J］．海淀走读大学学报，2004（1）.

[82] 王云儿．畅通民间资本进入民办高等教育领域研析［J］．中国高等教育，2010（19）.

[83] 王振朋，辛婷婷．从产权经济学看民办高校产权的生成及其运行机制［J］．浙江树人大学学报，2011（4）.

[84] 文东茅．论民办教育公益性与可营利性的非矛盾性［J］．北京大学教育评论，2004（1）.

[85] 文东茅．论民办学校的产权与控制权［J］．清华大学教育研究，2003（2）.

[86] 邬大光，胡赤弟．教育产权的产生、运行与大学组织［J］．教育与经济，2005（2）.

[87] 吴华，徐正福，徐晓东．民办学校产权模式新视角：椒江“教育股份制”实践价值的再认识［J］．教育研究，2004（12）.

[88] 武毅英．论民办高等教育的产权关系［J］．现代大学教育，2002（1）.

[89] 肖晗．产权：围困民办教育的第一道篱笆 [J]．时代法学，2011（4）．

[90] 肖晗．民办学校产权制度的修改与完善 [J]．职业技术教育，2008（4）．

[91] 徐冬青．办学体制多元化的产权关系与运行机制研究 [J]．教育评论，2000（5）．

[92] 徐文．教育产权概念解析 [J]．武汉市经济管理干部学院学报，2005（3）．

[93] 徐绪卿．树人大学的筹资模式和启示 [J]．黄河科技大学学报，2004（6）．

[94] 杨丽娟．关于教育产权若干问题的探讨 [J]．教育与经济，2000（1）．

[95] 杨挺．论民办高等学校的产权法律关系 [J]．中国教育法制评论，2007（5）．

[96] 杨炜长．利益相关者视角下民办高校监管体系的构建 [J]．中国高教研究，2012（6）．

[97] 张迪晨．美国私立大学发展对我国民办高校发展的启示 [J]．中国成人教育，2010（2）．

[98] 张宏博．民办高校产权调整的新制度经济学分析：基于广东省 X 学院的个案研究 [J]．教育发展研究，2010（5）．

[99] 张晋安．对民办学校产权制度若干问题的思考与建议 [J]．北京城市学院学报，2005（3）．

[100] 张铁明．论国有教育产权的运作及其特点 [J]．教育评论，1998（2）．

[101] 张万朋，薛天祥．产权与教育产权：一种基于经济学说史视角的分析［J］．江苏高教，2003（6）．

[102] 张晓红．我国民办高校产权问题现状及对策分析［J］．中国科技论坛，2010（10）．

[103] 钟秉林，等．抓住历史机遇 化解深层矛盾 促进健康发展：我国民办高等教育改革与发展探析（一）［J］．中国高等教育，2010（23）．

[104] 刘文珠．民办教育步入稳步发展新阶段［N］．中国教育报，2009：09—06（01）．

[105] 皮尔斯．现代经济学词典［M］．宋承先，等，译．上海：上海译文出版社，1988.

[106] 沃克．牛津法律大辞典［M］．李双元，等，译．北京：法律出版社，2003.

[107] 伊特韦尔．新帕尔格雷夫经济学大辞典（第三卷 K：P）［M］．陈岱孙，译．北京：经济科学出版社，1992.

英文文献

[1] FISHER I. Elementary principles of economics［M］.New York: Macmillan,1923.

[2] FREEMAN R E. Strategic management: A stakeholder approach［M］. Cambridge: Cambridge University Press,2010.

[3] PEJOVICH S. The economics of property rights: Towards a theory of comparative systems［M］.Dordrecht：Kluwer Academic Publishers，1990.

[4] POST J E, FREDERICK W C, LAWRENCE A T, et al Business and society: Corporate strategy, public policy, ethics (8th ed.) [M] . New York: McGraw-Hill, 1996.

[5] POWELL W W, STEINBERG R. The nonprofit sector: A research handbook [M] . New Haven: Yale University Press, 2006.

[6] WANER D, KELLY G. Managing educational property: A handbook for schools, colleges and universities [M] . Suffolk: The Society for Research into Higher Education and Open University, 1993.

[7] HOLMSTROM B. TIROLE, J. The theory of the firm [M] // SCHMALENSEE R, WILLIG R D. Handbook of industrial organization [C] . New York: North Holland, 1989.

[8] KINSER K, LEVY D C. For-profit higher education: U.S. tendencies, international echoes[M]// FOREST J J F, ALTBACH P G. International Handbook of Higher Education. Dordrecht: Springer Rublishers, 2007.

[9] BUCK S J. Cultural theory and management of common property resources [J] . Human Ecology, 1989, 17 (1) .

[10] CAMPBELL J, LINDBERG L N. Property rights and the organization of economic activity by the state [J] . American Sociological Review, 1990, 55 (5) .

[11] COASE R H. The problem of social cost [J] . Journal of Law and Economics, 1960, 3 (1) .

[12] COASE R H. The nature of the firm [J] . Economica, 1937, 4 (16) .

[13] DEMSETZ H. Toward a theory of property rights [J] . The

American Economic Review, 1967, 57 (2) .

[14] FAMA E F. Agency problems and the theory of the firm [J] . The Journal of Political Economy, 1980, 88 (2) .

[15] FINE B L. Analysis of the formation of property rights underlying tortious interference with contracts and other economic relations [J] . University of Chicago Law Review, 1983, 50 (3) .

[16] FISCHEL W A. The economics of land use exactions: A property rights analysis [J] . Law and Contemporary Problems, 1987, 50 (1) .

[17] FREEMAN R E, REED D L. Stockholders and stakeholders: A new perspective on corporate governance [J] . California Management Review, 1983, 25 (3) .

[18] FURNISS N. The political implications of the public choice-property rights school [J] . The American Political Science Review, 1978, 72 (2) .

[19] FURUBOTN E G, PEJOVICH S. Property rights and economic theory: A survey of recent literature [J] . Journal of Economic Literature, 1972, 10 (4) .

[20] HAHN R W. Market power and transferable property rights [J] . The Quarterly Journal of Economics, 1984, 99 (4) .

[21] HAHN R W. Reevaluating the relationship between transferable property rights and command-and-control regulation [J] . Journal of Regulatory Economics, 1995, 8 (2) .

[22] HANSMANN H B. Reforming nonprofit corporation law [J] . University of Pennsylvania Law Review, 1981, 129 (3) .

[23] HART OLIVER D. The market mechanism as an incentive scheme [J]. The Bell Journal of Economics, 1983, 14 (2).

[24] HAYDEN F G. Planning through the socialization of property rights: The community reinvestment act [J]. Journal of Economic Issues, 1980, 14 (2).

[25] JENSEN M C, MECKLILNG W H. Theory of the firm: managerial behavior, agency costs, and ownership structure [J]. Journal of Financial Economics, 1976, 3 (4).

[26] JOHNSON S, MCMILLAN J, WOODRUFF C. Property rights and finance [J]. The American Economic Review, 2002, 92 (5).

[27] KATHRYN F S. The politics of property rights [J]. American Political Science Association, 1995, 89 (4).

[28] LEVINE R. Law, endowments, and property rights [J]. National Bureau of Economic Research, 2005, 19 (3).

[29] MAY L. Corporate property rights [J]. Journal of Business Ethics, 1986, 5 (3).

[30] MITCHELL R K. AGLE B R, WOOD D J. Toward a theory of stakeholder identification and salience: Defining the principle of who and what really counts [J]. The Academy of Management Review, 1997, 22 (4).

[31] RIKER W H, SENED I. A political theory of the origin of property rights: airport slots [J]. American Journal of Political Science, 1991, 35 (4).

[32] ROSE-ACKERMAN S. Inalienability and the theory of property

rights [J].Columbia Law Review, 1985, 85 (5).

[33] SANYAL B, JOHNSTONE B. International trends in the public and private financing of higher education [J]. Prospects, 2011, 41 (1).

[34] SU S. The policy environment of private higher education in China: A discussion based upon property ownership rights [J].Asia Pacific Education Review, 2012, 13 (1).

[35] SVENSSON J. Investment, property rights and political instability: Theory and evidence [J].European Economic Review, 1998, 42 (7).

[36] WHEELER D, SILLANPAA M. Including the stakeholders: The business case [J].Long Range Planning, 1998, 31 (2).

附　录

附录 1：民办高校产权管理调查问卷

尊敬的同仁：

您好！为了优化民办教育环境，深化民办教育改革，我们正在开展调查研究，对改进我国民办高校产权管理工作提供决策参考。我们郑重承诺对您填报的资料严格保密。请仔细阅读，如实填写，不要遗漏。

衷心感谢您的支持和帮助！

民办学校分类管理政策研究课题组

填写说明：

1. 请在符合您情况或想法的选项上打“ √ ”或进行填空。

2. 凡未标明“限选 × 项”的问题，均为单选题。

一、基本信息

1. 性别：（男）　　（2）女

2. 年龄：______________岁

3. 担任职务：

（1）董事长（理事长）　　（2）副董事长（副理事长）

（3）董事长（理事长）兼校长　　（4）校长　　（5）副校长

（6）其他（请注明）______________

4. 担任现职年限：________________年

5. 最高学历：（1）博士研究生　　（2）硕士研究生

（3）本科　　（4）专科及以下

6. 学校位置：________________省（自治区、直辖市）

7. 办学层次：（1）本科　　（2）专科　　（3）高职

（4）其他（请注明）________________

8. 学校创办于：________________年

9. 办学形式：（1）独资举办　　（2）合资举办　　（3）合作举办

（4）其他（请注明）________________

10. 学校最主要的出资方式（限选 3 项）：

（1）资金　　（2）实物　　（3）土地使用权　　（4）知识产权

（5）其他无形资产

二、民办高校产权管理情况调查（关于民办高校产权管理相关表述的重要性及其与现实情况的符合程度，请您在认为最合适的选项上打“√”）

题目	重要性					现实情况				
	非常不重要	不重要	中立	重要	非常重要	非常不符合	不符合	中立	符合	非常符合
a1. 将资产过户到学校名下，确立法人财产权	1	2	3	4	5	A	B	C	D	E
a2. 资产过户手续简便	1	2	3	4	5	A	B	C	D	E
a3. 资产过户税费合理	1	2	3	4	5	A	B	C	D	E

续表

题目	重要性					现实情况				
	非常不重要	不重要	中立	重要	非常重要	非常不符合	不符合	中立	符合	非常符合
a4. 举办者原始投入资产的权益保障政策明确	1	2	3	4	5	A	B	C	D	E
a5. 滚动发展的学校创办人的产权界定清楚	1	2	3	4	5	A	B	C	D	E
a6. 举办者无形资产价值易于评估	1	2	3	4	5	A	B	C	D	E
a7. 举办者无形资产占其出资总额的比例限定明确	1	2	3	4	5	A	B	C	D	E
a8. 办学结余中，合理回报比例的确定原则易于操作	1	2	3	4	5	A	B	C	D	E
a9. 学校存续过程中，资产增值部分的归属清晰	1	2	3	4	5	A	B	C	D	E
a10. 举办者在董事会或理事会中的权力适度	1	2	3	4	5	A	B	C	D	E
a11. 出资人信任学校管理层，充分赋予自主权	1	2	3	4	5	A	B	C	D	E
a12. 校长受董事会或理事会干预较少，独立行使教育教学和行政管理职权的权益能够得到保障	1	2	3	4	5	A	B	C	D	E

续表

题目	重要性					现实情况				
	非常不重要	不重要	中立	重要	非常重要	非常不符合	不符合	中立	符合	非常符合
a13. 公共财政资金投入较多的学校中，已有教育行政部门委派的独立董事或独立理事参与管理	1	2	3	4	5	A	B	C	D	E
a14. 社会力量对民办高校产权监督和制约有效	1	2	3	4	5	A	B	C	D	E
a15. 对出资人产权的转让、继承、赠予的条件和执行已有规定	1	2	3	4	5	A	B	C	D	E
a16. 财务清算后，剩余财产的分配比例和方法明确	1	2	3	4	5	A	B	C	D	E
a17. 民办高校产权优惠政策有明确统一的规定	1	2	3	4	5	A	B	C	D	E
a18. 举办者的退出机制明确	1	2	3	4	5	A	B	C	D	E
a19. 学校财产作价依据和债权、债务处理办法完善	1	2	3	4	5	A	B	C	D	E
a20. 民办高校筹融资方式多样	1	2	3	4	5	A	B	C	D	E
a21. 金融机构信贷支持力度充分	1	2	3	4	5	A	B	C	D	E

三、民办高校产权管理法律政策（关于民办高校产权管理法律政策的合理程度及其落实情况，请您在认为最合适的选项上打“√”）

题目	合理性					落实情况				
	很不合理	欠合理	中立	较合理	很合理	很差	欠佳	一般	较好	很好
b1. 学校对举办者投入资产、国有资产、受赠财产、办学积累享有法人财产权	1	2	3	4	5	A	B	C	D	E
b2. 民办学校终止时，应依次清偿受教育者学杂费、教职工工资和社会保险费，以及其他债务	1	2	3	4	5	A	B	C	D	E
b3. 捐资举办和不要求取得合理回报的学校，享受与公办学校同等税收优惠政策	1	2	3	4	5	A	B	C	D	E
b4. 要求取得合理回报的民办学校享受的税收优惠政策由有关部门制定	1	2	3	4	5	A	B	C	D	E
b5. 举办者的变更，须由举办者提出，在财务清算后，经学校董事会或理事会同意，报审批机关核准	1	2	3	4	5	A	B	C	D	E
b6. 国家保障民办学校举办者、校长、教职工和受教育者的合法权益	1	2	3	4	5	A	B	C	D	E
b7. 民办非企业单位不得从事营利性经营活动	1	2	3	4	5	A	B	C	D	E

续表

题目	合理性					落实情况				
	很不合理	欠合理	中立	较合理	很合理	很差	欠佳	一般	较好	很好
b8. 举办者不得抽回其投入的办学资金	1	2	3	4	5	A	B	C	D	E
b9. 按份共有财产的共有人，有权将自己的份额分出或转让。其他共有人在同等条件下，有优先购买权	1	2	3	4	5	A	B	C	D	E

四、作为民办高等教育领域优秀的管理者和践行者，请您结合自己丰富的办学经验，谈谈当前民办高校产权管理面临的困境和政策建议。

（一）现实困境

（二）政策建议

问卷到此结束，感谢您的辛苦付出！

附录 2：《民办高校产权管理法律政策量表》对应的法律条款

《民办高校产权管理法律政策量表》对应的法律条款

项目	条款出处
b1. 学校对举办者投入资产、国有资产、受赠财产、办学积累享有法人财产权	《民办教育促进法》第三十五条
b2. 民办学校终止时，应依次清偿受教育者学杂费、教职工工资和社会保险费，以及其他债务	《民办教育促进法》第五十九条
b3. 捐资举办和不要求取得合理回报的学校，享受与公办学校同等税收优惠政策	《民办教育促进法实施条例》第三十八条
b4. 要求取得合理回报的民办学校享受的税收优惠政策由有关部门制定	《民办教育促进法实施条例》第三十八条
b5. 举办者的变更，须由举办者提出，在财务清算后，经学校董事会或理事会同意，报审批机关核准	《民办教育促进法》第五十四条
b6. 国家保障民办学校举办者、校长、教职工和受教育者的合法权益	《民办教育促进法》第五条
b7. 民办非企业单位不得从事营利性经营活动	《民办非企业单位登记管理暂行条例》第四条

续表

项目	条款出处
b8. 举办者不得抽回其投入的办学资金	《高等教育法》第六十一条
b9. 按份共有财产的共有人，有权将自己的份额分出或转让。其他共有人在同等条件下，有优先购买权	《民法通则》第七十八条

附录 3：民办高校产权管理访谈提纲

一、民办高校举办者访谈问题

1. 结合贵校的创办经历，请您简要介绍学校在资产财务及其管理制度方面的基本情况，有哪些优势，存在哪些困难。

2. 关于我国民办高校产权管理法律政策的现状，您最关注的是什么？有哪些方面需要健全和完善？

3. 您认为目前我国民办高校产权管理在产权界定、产权配置、产权监管和产权运作等方面存在哪些问题？产生这些问题的原因是什么？应当如何解决这些问题？

二、民办高校行政管理者访谈问题

1. 结合贵校在资产财务及其管理制度方面的情况，您如何看待学校举办者和行政管理者之间的权利关系？贵校在资产财务及其管理制度方面有哪些优势？存在哪些困难？

2. 关于我国民办高校产权管理法律政策的现状，您最关注的是什么？有哪些方面需要健全和完善？

3. 您认为目前我国民办高校产权管理在产权界定、产权配置、产权监管和产权运作等方面存在哪些问题？产生这些问题的原因是什么？应当如何解决这些问题？

三、教育行政部门民办教育负责人访谈问题

1. 结合贵省民办高校的发展情况，请您谈谈贵省教育行政部门在民办高校产权管理方面的基本情况，有哪些优势，存在哪些困难。

2. 关于我国民办高校产权管理法律政策的现状，您最关注的是什么？有哪些方面需要健全和完善？

3. 目前我国民办高校产权管理在产权界定、产权配置、产权监管和产权运作等方面存在哪些问题？产生这些问题的原因是什么？应当如何解决这些问题？

后 记

本书以马克思主义产权理论为基石，参照西方现代产权理论的结构，并以利益相关者理论为补充，确立产权界定、产权配置、产权监管和产权运作等四个分析维度，丰富了民办高校产权管理研究的理论视角。按照四个维度，编制调查问卷，剖析“法人产权不完整、能否营利和回报办法不规范；内部治理结构不完善、举办者管理能力欠缺；监管职能分散、资产财务制度不健全；筹融资渠道不畅、转让退出机制缺失”等问题的成因。同时，初步提出坚持公益价值导向、建立健全配套政策的理念定位，依法落实法人产权、完善合理回报制度，推动多元主体共同治理、发挥产权管理效能，建立专门监管机构、规范资产财务监管，拓展筹融资方式、健全转让退出机制等改进民办高校产权管理的策略建议。

民办高校产权管理是一个学科综合性和交叉性较强的选题，需要综合运用经济学和法学等学科知识，结合民办高校产权管理实践，提高理论分析运用的能力；跟踪国外私立高校发展态势，扩充民办高校调查样本数量，获得更为翔实的数据资料；完善调查工具，增强产权管理量表的科学性和有效性；丰富访谈内容，侧重民办高校利益相关者对产权管理看法的比较分析。

理想状态下完备的产权意味着产权主体拥有完整的权益，然而，现实中不可能存在这样的情形。对于任何产权主体而言，尽管不能做到产权的完备性，但重要的是根据现实发展阶段的特征，协调各产权主体的权利关系，做到产权效用最大化。我国民办高校产权管理需要倡导公益精神，健全管理制度，落实优惠政策，保证非营利性民办高校的稳定发展，保障举办者的合法权益。随着社会经济的发展、政府管理水平和管理模式的提升优化，民办高校在产权界定、产权配置、产权监管和产权运作等方面的理论研究和现实改革需要深入探讨，这也正是今后进行产权管理研究需要进一步努力的方向。